完全攻略ウルトラマラソン練習帳

潜在走力を引き出す！
レベル別・書き込み式
13週間練習メニュー

岩本能史

講談社

はじめに　～潜在走力の発揮で、ウルトラ〝完了〟からウルトラ〝完走〟へ

本書は、僕にとってウルトラマラソンの練習法をテーマとした2作目の本です。ウルトラマラソンはマラソンを超える距離のレース全般を指していますが、本書ではもっともポピュラーで人気が高い100kmマラソンをウルトラマラソンと呼ぶことにします。

まずは1作目との違い、そして2作目をなぜ世に出そうと考えたのかをきちんとお伝えしたいと思います。

1作目を出す原動力となったのは、フルマラソンと違って、ウルトラマラソンを走るための体系的なノウハウ本が圧倒的に少なかったという事実です。

ウルトラはフルの2倍以上の距離を走るレース。それだけ準備にも時間を要しますし、競技時間が長くなる分だけ補給の仕方、気持ちで負けないように保つメンタルのマネジメントにも知恵を絞らなければなりません。フル以上に体系的なノウハウが求められるのに、それまでは客観性に乏しい個人的な体験記のようなもの、あるいは都市伝説のように無批判に伝承されてきたやり方が主流であり、初心者はもちろん、ウルトラ経験者にとっても納得できる内容とは思えませんでした。

そこで僕は、ギリシャのスパルタスロン（全長２４６㎞）、アメリカのバッドウォーター・ウルトラマラソン（全長２１７㎞）、あるいは24時間走（自己ベスト２４７㎞）といったウルトラを超える超ウルトラの経験に加えて、僕が主宰しているランニングクラブ『ｃｌｕｂ ＭＹ☆ＳＴＡＲ』のメンバーたちのウルトラ体験などをベースにしながら、ウルトラの教科書ともいえるようなノウハウ本を出しました。それが1作目であり、幸いにも多くの読者を得て版を重ねました。

けれど、反省点もありました。

1作目では、経験者で自己ベストを狙うランナー、初挑戦かそれに近いウルトラ初心者ランナー、タイムにこだわらないで時間内完走を目指すランナーという3つのレベル別に練習法を展開しました。でも、蓋を開けてみると多くの読者は「自己ベストが狙えるのは、ひと握りのエリートランナーだけ」と遠慮してしまったのか、経験者でも初挑戦かそれに近い初心者向け、または時間内完走狙いの練習法を実践していたようなのです。

フルの実力がサブ4のランナーだと、初挑戦かそれに近い初心者向けだとレースペースはキロ6分43秒、時間内完走狙いだとキロ7分12秒となります。同じくフルの実力がサブ3・5のランナーだと、初挑戦かそれに近い初心者向けだとレースペースはキロ５分53秒、時間内完走狙いだとキロ６分18秒。これではペースが明らかに遅すぎて、潜在的な走力（ポテンシャル）が十分引き出せないこともあります。１作目でも、「練習でのペース設定は、自己ベストを狙うランナーのペースを基本としてください」と注意喚起しましたが、うまく伝わらなかったのでしょう。その点は素直に反省しています。

そこで**今回は各々のフルマラソンの実力に応じて、それぞれの走力での自己ベストが狙える練習法に狙いを絞って紹介します。ここでいう自己ベストとは、練習をしっかりコツコツとこなし、自らの潜在走力を１００％発揮したときに成就できる可能性が高いタイム。サブ４・５、サブ４、サブ３・５、サブ３という４つのレベルごとに、13週間の練習メニューを公開します。**練習メニュー（第３章）は書き込み式であり、自分が実際にこなせたトレーニングをメモする練習ノートとしても使えるようになっています。

ウルトラに挑もうとするランナーはきっと、若くて健康そうなタレントさんが「フルマラソンを６時間半で感動の完走！」といった記事を目にすると、心がざわざわするでしょう。42・195㎞は時速７㎞の速歩きでも６時間ほどで走り切ることができます。その人なりに頑張ったのでしょうが、ベストタイムを１分でも更新したいと練習に励んでいる身では「フル完走、スゴい！」と手放しに賞賛することに抵抗があるのもうなずけます。

でも、そんなシリアスランナーでも、ウルトラでは97％近くは途中で潰れます。「潰れてからが「ウルトラ」と言ったのは他ならぬ僕ですが、潰れてからはトボトボしたゾンビ歩きになり、レースではなく単なる移動になりがち。無事に移動を終えて制限時間内にゴールできたとしても、それはウルトラ〝完走〟ではなくウルトラ〝完了〟です。

6時間半でフルマラソンを何とか〝完走〟するランナーだって、始めから6時間半を狙って走り出しているワケではないでしょう。練習不足などがたたって途中で脚が止まり、そこからは単なる移動になってしまい、不本意なゴールタイムになっているケースが大半だと思います。そう考えると、ウルトラ〝完了〟で満足しているランナーと、6時間半でフルマラソンを〝完走〟しているランナーには大きな違いはないのです。だからこそ、ランナーとしての潜在走力を目一杯引き出し、ウルトラ〝完走〟に挑んでほしいと思っています。

「目標タイムには遠く及ばなかったけど、頑張りました」というレース後の言い訳を聞くのが、僕は大嫌いです。ウルトラをイベントやお祭りではなくスポーツとして捉えるなら、頑張った過程よりもタイムという結果を重視するべきだと思うからです。

エラそうにしている僕自身、初参戦した2000年のスパルタスロンで苦い経験をしました。制限時間まで14時間もあるのに、標高1100mのサンガス山という難所を越えた172㎞地点でリタイアしたのです。収容バスに乗ってふと外に視線をやると、年配の日本人ランナーが言うように進む姿が目に入りました。そこからは激しい後悔の念にさいなまれ続けます。表彰式でも当時は、完走者とリタイア組に分けられたテーブルの雰囲気はまるで結婚式と通夜であり、テーブルにセットされているナイフとフォークの数が違い、振る舞われる料理の内容と品数にも歴然とした差がありました。当時のスパルタスロンはリタイアしたら参加賞はおろかゼッケンも没収。参加したという証すら残りませんでした。以来、僕にとって〝死人に口なし〟ということわざは、〝自分自身との戦いに破れた戦死者は何も語るべきでない〟という意味になりました。

それから僕は、言い訳せずに結果だけをひたすら追い求める姿勢だけは、維持するように努めてきたつもりです。その覚悟がなければ、ウルトラでも超ウルトラでもポテンシャルを出し切り、自己ベストを達成することは難しいのです。本書では、結果が出せる練習法を自信を持って伝授します。

ウルトラ〝完走〟は決して楽ではない長く曲がりくねった道のりですが、それを乗り越えたときの感動は、フルマラソンとは比べものにならないくらい大きいもの。本書を通して僕は、一人でも多くのランナーがその感動を味わうお手伝いがしたいと願っています。

2017年春　岩本能史

CONTENTS

CHAPTER

3

レベル別・書き込み式13週間練習メニュー

CHAPTER 4

ウルトラ攻略のためのレースマネジメント実践的講座

巻末付録 超ウルトラマラソンへの招待

CHAPTER

1

13-WEEK
ULTRAMARATHON
TRAINING PROGRAM

ウルトラ練習の基本ルール

F3・0からF2・7へ。ウルトラの潜在走力を引き出せ

ハーフマラソンのタイムからフルマラソンのタイムが推定できるように、ウルトラマラソンの目標タイムはフルのタイムから推定するのが普通です。

ハーフとフル、フルとウルトラのように、異なる持久系の種目間でタイムと距離の関係から求める数値を「持久係数」と呼びます。

ハーフとフルの持久係数は「フルマラソンのタイム÷ハーフマラソンのタイム」という関係があります。ハーフは文字通り、フルの半分の距離ですが、持久係数は2・2というのが一般的。ハーフが2時間なら、フルはその2倍の4時間ではなく、2×2・2＝4時間24分で走れる計算です。

次にフルとウルトラの持久係数は「100kmマラソンのタイム÷フルマラソンのタイム」という関係があります。ウルトラはフルの約2・37倍の距離ですが、持久係数は3・0というのがこれまでの定説。フルが4時間なら、ウルトラはその2・37倍のおよそ9時間29分ではなく、4×3・0＝12時間で走れるという計算です。ウルトラとフルの間の持久係数を、フルの頭文字から「F」と本書では呼ぶことにしましょう。

ウルトラの指南書がほとんどない暗黒時代には、このようにF＝3・0という「F3・0の公式」がまかり通ってきました。それに対して**僕がずっと提案しているのが「F2・7の公式」。つまりフルマラソンのタイム（←ただし直近で実力を反映していると思えるタイムです）×2・7をウルトラの目標タイムとする練習法です。**F2・7の公式に従い、フルのタイムごとのウルトラの目標タイムを計算すると次のようになります。

◉フルの直近タイムによるウルトラの目標タイム

サブ4・5 ⇓ 4・5 × 2・7 ＝ 目標タイム12時間9分
サブ4 ⇓ 4・0 × 2・7 ＝ 目標タイム10時48分
サブ3・5 ⇓ 3・5 × 2・7 ＝ 目標タイム9時間27分
サブ3 ⇓ 3・0 × 2・7 ＝ 目標タイム8時6分

マラソンランナーの念願がサブ3だとしたら、ウルトラランナーにおける100kmマラソンの目標はサブ10（10時間切り）。F2・7の公式に従うなら、サブ3・5レベルでもサブ10を成し遂げられる潜在走力を秘めているのです。早速F2・7の公式で、自分の目標タイムを計算してみましょう。

◉F2・7の公式によるウルトラの目標タイム

フルの直近の実力タイム（　）時間（　）分 × 2・7 ＝（　）時間（　）分

F2・7で練習を組み立てる根拠とは？

F2・7という持久係数は、僕自身、同じくウルトラランナーである妻の里奈、そして『club MY☆STAR』のメンバーたちの経験から独自に導き出したものです。

ウルトラランナーであり、24時間走や超ウルトラマラソンでも実績を残している小谷修平さんが100kmマラソンランナーを対象に実施したアンケート結果でも、F2・7という公式の妥当性は確かめられています。小谷さんは東京大学で統計を学んだデータ解析の専門家でもあります。

小谷さんによると、100kmマラソンのタイムとフルのタイムには15ページのグラフのような関係がありました。縦軸は持久係数（F）、横軸はフルマラソンのベストタイム。タイムは、フルもウルトラも3年以内のベスト記録であり、実質的には比較的走りやすいレースで出した記録と考えられます。右肩下がりのラインは、多くの100kmマラソンの制限時間である14時間を意味し、一人を除いて全員が制限時間以内に完走しています。

グラフを見るとわかるように、持久係数とフルのベストタイムとの関係には、かなりのばらつきが見受けられます。フルがサブ4・0でも持久係数が2・7（ウルトラを10時間48

分前後で完走）を下回るランナーもいれば、サブ3でも持久係数が3・9（ウルトラを11時間42分前後で完走）を超えるランナーもいます。また、同じサブ3・5ランナーでも、持久係数は2・8（ウルトラを9時間48分前後で完走）から3・9（ウルトラを13時間39分前後で完走）までさまざまです。

F3・0前後のゾーンに多くのランナーがプロットされている点から、過去のF3・0の公式が多くのランナーの体感とは大きくズレていなかったとわかります。だからこそ、長年F3・0の公式が信じられてきたのでしょう。

そしてこのグラフからわかるのは、フルのベストタイムに関わらず、持久係数の上限になるのがF2・7だということ。だからこそ、F2・7を目標タイムとしてウルトラの練習を組み立

⦿フルマラソンと100kmマラソンのタイムから見るランナー分布

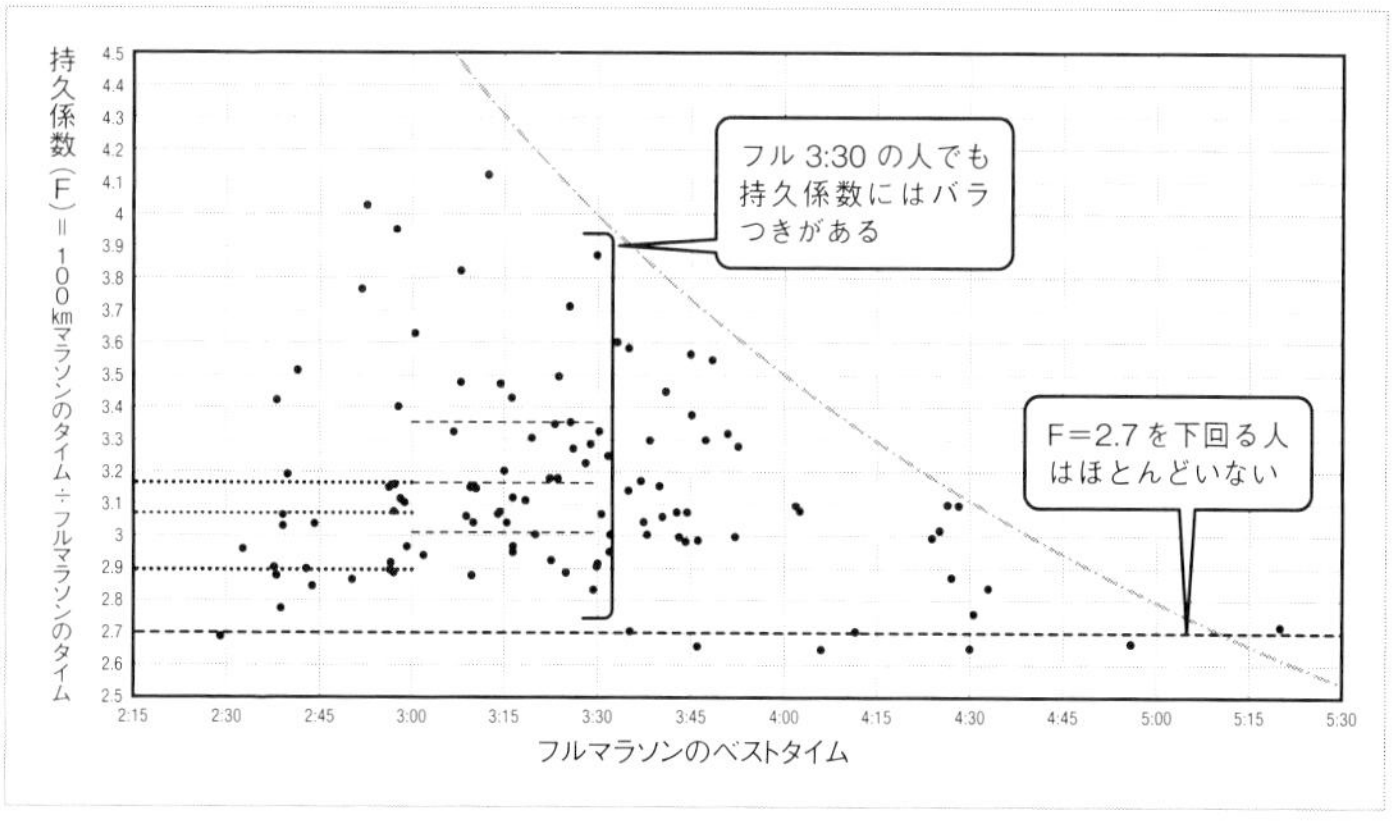

てることが、潜在走力を最大限に引き出すコツなのです。「はじめに」で触れた1作目の目標タイム設定は、経験者で自己ベストを狙うランナーがこのF2・7であり、初挑戦かそれに近いウルトラ初心者ランナーはF2・8、タイムにこだわらないで時間内完走を目指すランナーはF3・0となっていました。

それでは100kmマラソンの世界記録の持久係数はどうなっているでしょうか。

男性の100kmマラソン世界記録は、風見 尚さんが2018年のサロマ湖100kmマラソンで出した6時間9分14秒。直近のフルマラソンを風見氏は2時間17分14秒で走っていますから、持久係数はF2・7です。女性の100kmマラソン世界記録は、安部友恵さんが2000年にやはりサロマ湖100kmマラソンで出した6時間33分11秒。直近のフルマラソンを安部氏は2時間29分09秒で走っていますから、持久係数はF2・6となります。

世界記録を打ち立てるには、F2・7を超えて自らの潜在走力を押し広げようとする頑張りが求められるのです。ちなみに僕は初めて経験した100kmマラソンはチャレンジ富士五湖ウルトラマラソン。直近のフルマラソンは3時間44分（↑後述しますが、実際にはロング走の42・195km地点の通過タイムです）であり、本番は8時間59分でゴールできました。持久係数はF2・4となりますが、それは当時のフルも潜在的にはかなり伸びしろがあり、ベストタイムでF値を出していなかったからでしょう。

F3・0をF2・7にするために必要なことを理解する

持久係数F2・7で目標タイムを実現するには、いくつかの条件があります。

まずは目標タイムのベースとなるフルマラソンのタイムです。大切なのはいまの実力に見合った直近のタイムであること。5年前まではサブ3ランナーだったとしても、最近はどのレースでもサブ4がやっとなら、4時間にF2・7を掛けて目標タイムを導きます。実力以上の背伸びをしても仕方がありません。

レベル別の1kmごとのレースペースは、100kmの目標タイムを単純に100で割ったもの。**レベル別に、サブ4・5ならキロ7分17秒、サブ4ならキロ6分29秒、サブ3・5ならキロ5分40秒、サブ3ならキロ4分52秒であり、このレースペース走がロング練習の柱となります。**これより目標タイムの設定が速すぎてしまうと、身の丈に合わないレースペースでの練習を強いられるので、途中で挫折することもあるのです。

続いて大事なのは練習量の確保。**潜在的な走力を顕在化させる原動力は、フル以上に長い距離を踏む練習です。**本書では13週間（＝91日間、3ヵ月）で900〜1100kmの練習をします。練習量がいちばん少ないサブ4・5レベルでも月間平均で約290km、サブ

3レベルでは370km以上の距離を踏むのです。

前述の小谷さんのデータからも、月間走行距離が増えるほど、持久係数が低くなる傾向が見受けられます。月間200kmでは持久係数は3・333ですが、月間300kmになると持久係数は3・156に上がります。ウルトラはフルの2・4倍近い距離を走るレースですから、練習で走力を引き上げるにはフル以上に距離を踏むことが求められるのです。もちろん中身を伴わないと無意味。**1スピード、1ロングという週2回のポイント練習を柱に、走力低下防止と疲労回復を促すためのつなぎ練習としてジョグを行います。**質の高い練習を積み重ねた結果、13週間で1000km前後の距離を踏むのです。

次に重要なのは、**レース4週間前の9週目に行う60km走（サブ3レベルのみ70km走）。翌日の3～4時間ジョグと合わせたセット練で100kmほどの距離を走り切ります。**

一度に60kmまで走り切れたら、レース本番でもF2・7のレースペース走でそこまでは間違いなく行けるはず。セット練がこなせていたら、その後も粘ってレースペースで走り続けてウルトラ〝完走〟できるでしょう。レース前半にペースを落として余力を残そうとしたり、逆にペースアップして貯金を作ろうとしたりするより、イーブンペースで走り続ける方が体力の消耗が少なく、成功レースになる確率が高くなります。

60km走とそれに続くセット練をやっておけば、ウルトラに初挑戦するランナーでも、距離への不安がなくなると同時に、その疲労の回復過程でウルトラに欠かせない〝強い脚〟が養えます。長丁場のウルトラに求められるのはフルのような〝速い脚〟ではなく、長旅で次から次へと襲ってくるトラブルやアクシデントに負けない強い脚なのです。

念のために付け加えると、僕は何でもいいから60㎞走をやっておけばいいと太鼓判を押すつもりはありません。フルで事前の30㎞走が通過儀礼化しているケースも多く見られるように、ウルトラでは事前の60㎞走が鉄板メニュー扱いされています。でも、F2・7を狙うなら、ただ60㎞を走り切ればいいわけではないのです。目標タイムから逆算したレースペースを最初から最後までキープし続けることを忘れないようにしてください。

ベテランのウルトラランナーには、週末のマラニックで60㎞走をしている人もいるようです。「どうせ遠出をするなら、途中で美味しいものを食べたり、温泉に入ったりしてマラニックを満喫しようよ！」と先輩たちに誘われるかもしれませんが、F2・7で目標タイムを完遂したいなら、甘い誘惑に乗らないようにしましょう。

ウルトラの楽しみ方は人それぞれ。自分なりのやり方で楽しむべきであり、食べ歩きのようなマラニックをエンジョイしながら、F3・0でもF3・2でもウルトラ〝完了〟できればよしという発想もあるでしょう。否定するつもりはありません。

ただLSDでせっせと距離を稼ぐだけでは、フルがなかなか速くならないように、食べ歩きのようなマラニックで距離を稼ぐだけでは、ウルトラの潜在走力は引き出せません。食べ歩きマラニックの甘い誘いに乗るのは、F2・7の練習で踏ん張り、ウルトラの自分なりの目標タイムをクリアして、「伸びしろは目一杯引き出せたから、もう思い残すことはない！」と納得してからでも、遅くはないと僕は思います。

最後に指摘したいのは、本番でのレースマネジメントと強いメンタル作りへの配慮。

ウルトラのパフォーマンスを決めるのは、①練習、②レースマネジメント、③メンタル、④レースコンディションという4つのファクター。神ならぬ身でレースコンディションに文句は言えませんが、練習でどう頑張っても、他の要素が足を引っ張ると、F2・7の実現が阻まれることもあります（↑この他にも、骨格や筋肉の質といった〝適正〟も見逃せないファクターですが、適正＝体質は変えられないので、練習で乗り越えましょう）。

レースマネジメントの柱となるのは、レースペースの維持と補給（食事と給水）。メンタルには、本番中に起こる苦しみやトラブルに負けない強さが求められます。レースペースを乱したり、補給でエネルギー源と水分などが補えなかったりすると、パフォーマンスが下がるのは当然。人間のフィジカルとメンタルはコインの裏表のように一体化していますから、何らかの原因でメンタルが落ちると、フィジカルにも悪影響が及んで凡走を招きます。レースをどうマネジメントし、強いメンタルを作るかについては、第4章で解説します。

狙った大会のゴールタイムをレース係数から予測する

タイムを決める要素の4番目に挙げたレースコンディションは万人に同じなので、自分だけが不利になるわけではありません。「寒くなかったら」「雨さえ降らなければ」と何事もコンディションのせいにするタラレバランナーにならないようにしてください。

コンディションで配慮すべきなのはレースの特性。ウルトラのコースはその土地の自然を活かして設定されますから、アップダウンの激しさや標高に差がありすぎるのです。

本書で取り上げるF2・7の公式で導けるタイムでゴールしやすいのは、サロマ湖100kmウルトラマラソン、柴又100K〜東京⇕埼玉⇕茨城の道〜といったアップダウンの少ない平地で行われるレース。それより上り下りが激しかったり、標高が高い場所で行われたりするレースでは、想定通りに練習をこなして潜在走力を100%発揮しても、ゴールタイムがF2・7の公式より若干遅くなると考えられます。そこで**「サロマ湖100kmウルトラマラソンを1とした場合、それよりもタイムがどの程度遅くなるのか」をレース係数として公開します。**これも小谷さんがウルトラランナーたちへのアンケート結果とDUV（ウルトラマラソン結果データベース）を踏まえて算出したもの。あるウルトラレースのベストタイムを出したとき、「そのときサロマ湖を走っていたら、どのくらいのタイムで走れたか？」という予測タイムから、主な国内大会のレース係数を求めています。

⦿主な大会のレース係数

①チャレンジ富士五湖ウルトラマラソン1・06　②星の郷八ヶ岳野辺山高原100kmウルトラマラソン1・17　③沖縄100Kウルトラマラソン1・09　④いわて銀河100kmチャレンジマラソン1・07　⑤えちご・くびき野100kmマラソン1・05　⑥四万十川ウルトラマラソン1・06　⑦北緯40°秋田内陸リゾートカップ100キロチャレンジマラソン1・06　⑧飛騨高山ウルトラマラソン1・13　⑨歴史街道丹後100kmウルトラマラソン1・10　⑩柴又100K〜東京⇔埼玉⇔茨城の道〜1・06

レース係数から、該当するレースの目標タイムは次の公式で導きます。

該当レースの目標タイム ＝ F2・7の目標タイム（　　）時間（　　）分 × レース係数

計算例を挙げましょう。国内有数の難コースとして知られる星の郷八ヶ岳野辺山高原100kmウルトラマラソン（通称〝野辺山〟、190ページ参照）のレース係数は1・17です。サブ3・5のF2・7の公式から導き出すタイムは9時間27分ですから、〝野辺山〟の予想ゴールタイムは9時間27分×1・17≒11時間4分となります。

「フルマラソン完走翌週から3カ月でウルトラに臨む

ウルトラ攻略のための練習法の秘訣は、実はフルマラソンにあります。フルマラソンのレースを終えた翌週からトレーニングを始めると、潜在走力を引き出してF2・7の公式でウルトラが快走できる確率が高くなるのです。

サブ4レベル未満だと、レース翌週は全力を出し切った抜け殻となり、まったく走らない「全休」にするランナーも少なくないでしょう。サブ3・5レベル以上でも、翌週は血液循環を促して疲労回復を早めるために、軽いジョグに留めるというランナーが大半かもしれません。でも、フルマラソンの翌週こそ、マラソンランナーからウルトラランナーへ、あるいはウルトラランナーがF3・0レベルからF2・7レベルへと成長する、またとないチャンスなのです。

フルマラソンを走り切った直後は、身体的にはウルトラの42%の距離が踏める土台ができています。休みすぎてポテンシャルが下がり、ランナーとしてリセットされた状況でイチから練習を始めるよりも遥かに有利です。

加えてフルマラソン完走直後は、足腰を中心として全身に疲労が山積しています。そのバックグラウンドには、それまでの30㎞走や峠走（↑初耳の読者は45ページ参照）といったハードボイルドなポイント練習の疲れも、海面下の氷山のように溜まっているに違いありません。そのタイミングでトレーニングを始めると、さらにカラダをいじめることになります。壊れる寸前までカラダをいじめながら、タイミングよく適度な休養と栄養を与え続けると、体力が1段階も2段階も向上する「超回復」が起こります。この超回復こそ、ウルトラランナーに求められる強い脚とタフな持久力を養ってくれるのです。

レース翌週から練習を始めるのは傷口に塩をすり込むような行為であり、いじめすぎるとオーバートレーニングに陥ってカラダは壊れてしまいます。ですから、さすがにいきなり「峠に行け！」とは言いません（↑峠走登場は5週目です）。カラダの声に耳を澄ませてオーバートレーニングを避ける謙虚さは忘れてほしくありませんが、慎重になりすぎて新しい一歩が踏み出せないとランナーとしての成長も難しくなります。勇気を持ってレース翌週からウルトラに向けたトレーニングをスタートさせてください。

フルマラソンのレース翌週から早々とスタートさせる練習法の設定期間は前述のように13週間。13週間にした理由は、それより短いと練習量が足りず、長すぎると覚悟や闘争心を保つのが難しいからです。42㎞まで走り切るベースとなる体力があり、なおかつ超回復を活用できたら、13週間という練習期間がもっとも合理的なのです。

1日歩きをウルトラ練習の起点としてもOK

問題は、狙いを定めてクリック合戦に見事打ち勝ったウルトラのレースから逆算したおよそ13週前に適当なフルのレースがないか、もしくはフルのクリック合戦に破れて出場が叶わなかった場合です。そこで僕が提案しているのが「1日歩き」という代替案。給水や補食もできる限り歩きながら行い、5時間歩き通すというトレーニングです。

時間はネットで計測し、トイレ休憩や信号待ち、コンビニや自販機に立ち寄るときなどはその間、時計をこまめにストップさせます。ウォーキングとはいえ、ランニングのトレーニングなので、ウェアとシューズはランニングと同じものを使ってください。

想定ペースはキロ9分30秒、歩行距離は32kmほど。走行距離は少し足りませんが、1日歩きではフルマラソンに匹敵するようなダメージを安全かつ確実にカラダに刻めます。なぜなら走るより、長く歩き続ける方がカラダには負担が大きいからです。

走るときは衝撃緩和のために太ももの筋肉などのいわゆる着地筋が反射的に事前収縮し、サスペンション機能を果たします。しかし歩行時は着地筋の反射的な事前収縮は起こらず、1歩ごとに足首、膝関節、股関節が垂直に並ぶ瞬間があり、ダメージを与え続けるのです。

1ロング、1スピードでポイント練習を組み立てる

ウルトラの練習法といっても、マラソンランナーが思わずのけぞるような奇抜な提案をするつもりはありません。中身はフルマラソンの練習とほとんど同じです。**走力を引き上げるポイント練習は週2回。ロング走1回、スピード走1回の1ロング、1スピードが鉄則です。**残りの週3回程度のつなぎ練習はジョグ。仮に1週間の練習量が10だとすると、1ロング：1スピード：ジョグの割合は4：2：4くらいです。

1ロングはレースペース走。F2・7の公式から導き出したペースで走る練習であり、ウルトラに求められる持久力を引き上げるのが狙いです。

F2・7の公式から計算したウルトラのレースペースはかなり遅いもの。たとえば、サブ3・5レベルならキロ5分40秒です。サブ3・5のフルでのレースペースはキロ5分ですから、思わずペースを上げたくなりますが、ペースを固定してひたすら距離を延ばす練習を続けてください。1ロングにはこの他、峠走、3時間路上、アレンジメニューとしてトレイルでの練習（トレイルランニング、トレイルウォーキング）があります。

1スピードは15㎞ビルドアップ走。5㎞ごとに設定ペースを少しずつ上げながら走る練

習です。僕ら『club MY☆STAR』では、フルマラソンに向けて、スピードだけではなく、心肺機能、ペース感覚、スタミナといった要素を同時に鍛えるトレーニングとして皇居での15kmビルドアップ走を取り入れています。そしてウルトラに出るメンバーたちは、ウルトラの季節になってもやはり15kmビルドアップ走を続けています。

レースペースがフルより遅いウルトラでスピード練習を行う理由は2つあります。

一つ目はフォーム。**ウルトラはすり足気味に短いストライドでペタペタ走るものという先入観を持つランナーも多いようですが、大前提としてフルもウルトラも理想のフォームはまったく同じ。**レースのレギュレーションが変わっても、長い距離を走るために適したフォームに違いはありません。ポイントはお尻（大臀筋）や太もも後ろ側（ハムストリング）といったカラダの後ろ側の大きな筋肉を使って股関節から脚を動かし、肩甲骨を寄せて姿勢を正しく保ち、骨盤を前傾させて腰を高く保ったまま走り続けること。ウルトラ用にフォームを変えなくてもいいのです。しかし、本人のフルのレースペースより遅い速度で走るロング走では、知らない間に膝関節や足首中心の小さなフォームになり、股関節中心のダイナミックなフォームが取りにくくなります。ロング走だけだといつの間にかペタペタ走りがインプットされる心配もありますから、**週1回はスピード練習を行い、本来の効率的なフォームにリセットするべきなのです。**

スピード練習でミトコンドリアを鍛える

スピード走が欠かせない2つ目の理由は、ロング走で距離を延ばし、ウルトラを最後まで歩かずにゴールするために必要な心肺機能の維持向上が図れるからです。

心肺機能を左右する要素に、筋肉の細胞に含まれているミトコンドリアの数と機能があります。そしてロング走よりもスピード走の方が、ミトコンドリアの数と機能を底上げする効果が高いのです。

筋肉を構成する筋線維には、マラソンやウルトラのような持久的な運動の主役となる遅筋線維（赤筋）と、100m走や筋トレのような瞬発的な運動の主役となる速筋線維（白筋）があります。このうちミトコンドリアを大量に含むのは遅筋線維。

運動の直接のエネルギー源はATP（アデノシン三リン酸）という物質ですが、貯蔵量に限りがあり、運動している間はつねにATPをリサイクルし続けなくてはなりません。そのリサイクルが要するエネルギーを提供しているのがミトコンドリア。ミトコンドリアのエネルギー源はおもに脂質であり、ミトコンドリアは酸素を介して脂質からエネルギーを作り出し、ATPを効率的に再生しています。

運動の2大エネルギー源は糖質と脂質ですが、その貯蔵量には大きな差があります。糖質は肝臓と全身の筋肉に最大500gほどしか蓄えられないのに、脂質はその何倍でも貯蔵可能。体重60kg、体脂肪率10％というスリムなランナー体型でも、蓄えている脂質は6000gと糖質の12倍にも達します。糖質と脂質は運動中同時に使われていますから、貯蔵量が少ない糖質の方が先に目減りします。糖質は脳のメインのエネルギー源なので、糖質が少なくなると脳から「こんな運動、即刻やめなさい」という警告として疲労感が生じます。これがフルでもウルトラでもレース後半に脚が止まる最大の理由。それを防ぐために役立つのが、ミトコンドリアを増やして機能をアップさせること。すると脂質を代謝する能力が上がって糖質が節約できるようになり、疲労感が抑えられます。

ビルドアップ走のようなスピード練習では、レースペース走より心肺機能を追い込んだ練習が行えます。その刺激で遅筋線維などのミトコンドリアの数が増えたり、サイズが大きくなったり、エネルギーを生み出す効率が高まったりする効果が得られるのです。ミトコンドリアが増えて働きが高まると心肺機能が上がりますから、息が切れずに走れるスピードの絶対値がアップ。ロング走とスピード走の相乗作用で、ロングのレースペース走が楽に感じるようになり、距離が少しずつ延ばせるようになって、最終的にはフルを超える距離でのポイント練習がこなせて走力がめきめきと上がるのです。

星（☆）の数で重要度と達成度を把握する

第3章で展開するレベル別の13週間メニューでは、1週間ごとに練習内容が量質ともにレベルアップします。そこで、今日取り組む練習がどのくらい辛く、どの程度重要なのかがひと目でわかるように星（☆）の数で表現しています（↑姉妹書である『限界突破マラソン練習帳』で初めて採用したやり方。幸い好評だったので踏襲しました）。

ポイント練習の方がつなぎ練習よりも星の数が多いのは当たり前ですが、1ロング、1スピードのポイント練習でも星の数に違いがあります。星の数が多いほどハードですが、それだけ効果的なので確実に完遂してください。星の獲得の原則は「オール・オア・ナッシング」。ペース、距離、時間などが一つでも設定通りにこなせなかったら、練習したつもりでも星は一つも獲れません。厳しいようですが、「4つ星の40kmレースペース走を半分の20kmで挫折したから、2つ星獲得！」とはならないのです。

星の数は練習の到達度も同時に表します。13週間で獲得できる星の数は全部で100個。100点満点を狙って頑張ってください。なぜなら13週間かけて集めた星の数は、F2・7の公式で導いた目標タイムをクリアする確率を意味するから。単純に100個なら達成確率１００％、90個なら90％、80個なら80％というわけです。レースになるとまわりがみんな強者に見えてきて萎縮しがちですが、星の数で練習を〝見える化〟していれば、胸を張ってレースに臨めるに違いありません。

ポイント練習とつなぎ練習には、随所にアレンジメニューを用意しています。

本音をいうなら決められた通りに淡々と練習をこなしてほしいのですが、疲れや悪天候などで「今日は15㎞もビルドアップをするのが辛い」とか「わざわざ峠まで行くのがしんどい」という日もあるでしょう。僕の経験上、そういうときでもあえて決められた練習にトライすると、思わぬ発見がありランナーとしてひと皮剝《む》けるきっかけが得られるもの。体格や体質がわかっている『ｃｌｕｂ ＭＹ☆ＳＴＡＲ』のメンバーなら、そういうときでも「黙って峠へ行け！」と指導することもあります。でも、練習メニューはあくまで最大公約数であり、読者一人ひとりの事情を踏まえているわけではないので、個々の状況に応じてアレンジメニューに逃げるときがあっても仕方ないでしょう。

ただし、アレンジメニューの星の数は、基本メニューよりも少なめ。一例を挙げると、55㎞レースペース走が６つ星（☆☆☆☆☆☆）だとしたら、そのアレンジメニューの45㎞レースペース走は４つ星（☆☆☆☆）になっています。アレンジメニューばかりに頼ると多くの星が集められなくなり、Ｆ２・７の公式による目標タイムの達成率は下がります。

オフ日をおろそかにせず、戦略的に休む

星はあえてつけていませんが、練習をしないオフ日もおろそかにしてはダメ。オフ日は単に練習をしない日ではなく、カラダを休めて練習のトレーニング効果を最大限に引き出す役割を担っています。オフ日もウルトラを念頭に置いた生活を送ってください。

これからの13週間はまるで実業団ランナーのような練習漬けの日々。フルマラソンの疲れが残っている1～2週目などは週3回休めるところもありますが、それ以降は週休2日が基本。**貴重なオフを有効活用しないと、ポイント練習の疲れは抜けませんし、疲れが抜けないと強い脚を作る超回復も起こりにくいのです。**

歩きっぱなし、立ちっぱなしは、想像以上にカラダへストレスを与えます。前述のように、走っているときのように着地筋の事前収縮で吸収できない衝撃が加わり続けるうえに、ふくらはぎを中心とする筋肉ポンプで血液を循環する作用もランニングのように活性化されないからです。友達の誘いに乗って遠くのアウトレットまで買い物に出かけたり、家族サービスのためにアトラクション施設で何時間も順番待ちしたりするのは避けてください。この間の不義理はレースが終わってから倍返ししましょう。

オフ日はいつも以上に栄養価の高い食事を心がけたら（62ページ参照）、仕事以外の不要不急の外出を控えて、じっと坐ったり、横になったりして脚をひたすら休めます。通勤電車でもバスでもできるだけ座席を確保し（←満身創痍で優先席に空きがあったら腰掛けたいくらいですが、それは控えましょう）、駅でもオフィスでも階段を避けてエレベーターやエスカレーターを積極的に利用してください。

ポイント練習の翌日はマッサージや鍼灸などで、硬く緊張しっぱなしの筋肉のケアに努めることも有効です。練習量が増えると自分だけではケアできなくなりますから、専門家のサポートが欠かせなくなるのです。けれど、たとえ腕利きのゴッドハンドを訪ねるためでも、電車を何回も乗り換えないと辿り着けない遠方まで足を延ばすのは避けた方が無難。行き帰りで逆に疲れる恐れもありますから、遠くにいる偏差値80点のゴッドハンドよりも、近所で通いやすい偏差値60点の施術家を選ぶべきなのです。

レース前のマッサージや鍼灸に関しては注意点があります。マッサージなどで筋肉を緩めたままだと、「ラン反射」のスイッチがオフになり、本来の動きができにくくなります。レース前のジョグの最後、ラスト200mのダッシュで刺激を入れてラン反射のスイッチをオンに戻しておきましょう。ラン反射とは僕の造語。伸びた筋肉が反射的に縮む伸張反射などを活用した走りであり、ランニングの効率を高めてくれます。

6週目にはメディカルチェックをお忘れなく

練習を5週間こなしたら、後半戦が始まる6週目にはメディカルチェックを行ってください。自宅や職場近くの内科に「疲れやすくなりました」「風邪を引きやすくなりました」といった自覚症状を訴えて、血液検査をしてもらうのです。

検査に出向くのは平日午前中になるでしょうから、あらかじめ検査日を決めておいて、ビジネスパーソンは事前に仕事を調整して休める状況を作っておきましょう。血液検査の結果は早ければ3日前後で出るはずです。

メディカルチェックの狙いは、第一に練習に見合った栄養がしっかり摂れているかどうかの確認であり、第二に内臓へのダメージの有無を調べることにあります。

基本メニューが辛く感じてアレンジメニューに逃げたくなる誘惑に頻繁に駆られたり、つなぎ練習で行う鼻呼吸レベルのジョグがキロ7分以上かかったりするランナーは、栄養状態が悪かったり、内臓へのダメージが足を引っ張っていたりすることも考えられます。

後半戦になると練習はよりハードになりますから、そのままでは思ったようにこなせません。メディカルチェックをして弱点を見つけたら、医師に相談して早めに食生活の改善や内臓のケアに励んでください。

とくに注目してほしいのは、次の3つの数値。激しい練習を続けるランナーには病気未満の異変が数値として出やすい項目です。

①アルブミン値
②ヘモグロビン値
③GOT（AST）値

アルブミンは血液中にいちばん多く含まれているたんぱく質。アルブミンの正常値は、3・7～5・5g／dℓであり、これよりも低いと低栄養でたんぱく質が足りていないことが考えられます。

アルブミンは血液量と水分量を保つ性質があります。アルブミンが足りないと血液量が減ってしまい、少なくなった血液を効率的に利用するために心拍数が上がりやすくなり、同じ強度の練習をしても辛く感じることがあります。体内の水分量が減ると発汗機能が低下しますから、運動時に体温が下がりにくくなり、ランナーにはやはりマイナスです。

ヘモグロビンは赤血球の主要成分であり、たんぱく質と鉄分が合体したもの。ヘモグロビン値の正常値は男性で13～16g／dℓ、女性で12～15g／dℓです。

ヘモグロビンは酸素と結合してその運搬に関わっています。ヘモグロビンが少ないとせっかく吸い込んだ酸素を十分に運べなくなり、心肺機能が落ち、筋肉の酸素不足からスタミナが低下して走力が下がります。これがハードな練習を重ねるランナーに数多く見受けられる貧血のパターンであり、練習の質を落としてしまいます。

栄養不足に加えて貧血の原因には、発汗による鉄分の損出などから生じる鉄欠乏性貧血、ランニングなどの着地時に足裏で赤血球の膜が破れて漏れ出るヘモグロビンが増えてくる溶血性貧血などがあります。

内臓でランニングの影響をもっとも受けやすいのは肝臓。肝臓は糖質や脂質といった運動のエネルギー源の代謝を行うほか、運動で生じるアンモニアなどの老廃物や疲労物質を処理するために、24時間フルスロットルで過重労働を強いられているからです。

この肝臓の機能低下を示す目安となるのがＧＯＴ（ＡＳＴ）。ＧＯＴは肝細胞で作られている酵素であり、過労などで肝細胞が壊れると血液中へ漏れ出し、数値が31ＩＵ／ℓ以上になると肝機能の低下が疑われます。アルブミンは肝臓で作られるため、アルブミン不足だと肝機能が落ちていることも考えられます。

アルブミン不足にはたんぱく質の摂取、ヘモグロビン値の低下による貧血には鉄分とたんぱく質の摂取、肝機能の低下にはＬ‐グルタミンやオルニチンといったアミノ酸の摂取が有効です（↑Ｌ‐グルタミンとオルニチンはレース中にも摂取します。１７９ページ参照）。

F2・7の公式ならウルトラでマラソンはまた速くなる

ウルトラランナーの間で長年信じられている都市伝説の一つに「ウルトラを走るとフルのタイムが落ちる」というものがあります。

でも、僕はそうは思いません。「短は長を兼ねないが、長は短を兼ねる」のです。短距離走のメソッドをフルマラソンに応用するのは無理があると思うのですが（↑箱根駅伝ランナーがフルマラソンで期待に応えるような成果が出せないことがあるのは、20㎞を走り切る練習が〝短は長を兼ねていない〟からかもしれません）、ウルトラマラソンのメソッドはスケールダウンすればフルマラソンに応用できます。

ウルトラでは一度にフルを2回以上走りますし、42・195㎞地点をすぎてからは、フルを何回経験していても、味わえないような心身の変化に直面します。こうした変化に実戦で対処しつつ、その経験を踏まえた練習を日々繰り返していると、ウルトラだけではなくフルも速くなるのです。一列を挙げるなら、**ウルトラの実戦と練習を経験しておけば、フルの〝35㎞の壁〟は存在しないも同然になるのです。**

それは2000年4月のチャレンジ富士五湖ウルトラマラソンの100㎞部門（FUJI

４ＬＡＫＥＳ）で初ウルトラに挑んだ際、僕自身が経験しています。ふとしたきっかけからスパルタスロンへのチャレンジを決意し、参加資格を獲るためにとして出場したのです。

当時、スパルタスロンには「１００kmマラソンを11時間以内に完走すること」という出場条件がありました。この条件をクリアするためには、富士五湖を14時間という制限時間以内に完走するのではなく、11時間以内に完走しなくてはなりませんでした。

マラソンしか走ったことがない僕にとって、フルの2倍以上の距離がある１００kmマラソンはまったく未知の世界です。毎年1回、バカンスを兼ねて参加していたホノルルマラソンのその前年12月の記録は４時間７分でした。

その頃は、ウルトラ＝フルマラソンの記録×３というＦ３・０公式がまかり通っていました。その公式で計算すると、４時間７分×３＝12時間21分であり、スパルタスロンの参加条件である11時間は切れません。

けれど、資格獲得レースの段階でスパルタスロンを諦めるのは悔しいと思った僕は、Ｆ３・０の公式から逆算してフルマラソン地点を３時間33分程度で通過できる走力がつけば、１００kmマラソンで11時間が切れるだろうと戦略を練りました。

本格的な練習を開始したのは１００日前。週末のロング走を45km走から始め、毎週のように距離を徐々に延ばして最終的に70km走がこなせるようになり、気がつくとロング走の

42・195km地点の通過タイムが3時間44分になっていました。ホノルルより23分ほど速くなっていたのです。前述のように本番でのフィニッシュタイムは8時間59分。おかげでスパルタスロン出場を果たしたのですが、「はじめに」で触れた途中棄権の大失敗レースに終わってしまいました（↑その屈辱がウルトラランナーに変身するきっかけです）。

妻の里奈を始めとして、『club MY☆STAR』のメンバーたちでも、ウルトラを始めてからフルの自己ベストを更新するランナーは大勢います。フルの自己ベストが伸びてくれたら、F2・7の公式でのウルトラの目標タイムもそれだけ速くなるという好循環も望めます。

もしもウルトラでフルが遅くなるとしたら、ウルトラを始めてフォームがすり足気味の効率の悪いペタペタ走りに改悪されたり、マラニック的な追い込まない楽しいだけのロング走を繰り返すうちに心肺機能が低下したりするのが原因ではないでしょうか。

F2・7の公式に従ってトレーニングしていれば、ウルトラの練習でフルの伸びしろは伸ばせるのです。フルを卒業してウルトラ1本に絞る一毛作も悪くはありませんが、フルとウルトラという二足の草鞋を履く二毛作には相乗効果も起こりえます。選択肢はたくさんあった方が自由で楽しいもの。少なくとも「ウルトラを走るとフルは遅くなる」という根拠の薄い迷信を信じてフルを諦めてしまうのは、もったいないと僕は思います。

COLUMN 01

ウルトラのシューズ選び

フルとウルトラのフォームは同じですから、シューズも変える必要ありません。ラン反射を邪魔せず、お尻や太もも後ろ側といった大きな筋肉で股関節を伸展させて地面を押す力を伝えやすい薄底シューズで走りましょう。

ウルトラでは距離が延びる分、クッション性の高い厚底シューズを履くべきだという意見もありますが、僕は否定的です。理由はいくつかあります。

ウルトラでは距離は確かに延びますが、レースペースはフルよりもかなり遅め。ペースが遅くなるほど着地衝撃は小さくなりますから、距離が延びてもフルと同じく薄底シューズで十分に対応できるのです。

次に厚底シューズのクッション性は、ランニングの効率を落とす恐れもあります。ランの推進力の源になっているのは着地衝撃の反作用です。着地衝撃はカラダでうまく分散して上手に使うべきであり、事前にシューズが吸収してしまったら、その分だけ得られる反作用が小さくなって推進力がダウンします。さらに厚底シューズではかかとから着地しやすくなり、かかと着地だと1歩ごとに走りにブレーキがかかり、膝への負担となります。

ソールが厚い分だけ薄底シューズよりも重たくなり、その重みは足の負担になります。数十gの違いでも競技時間が桁外れに長いウルトラでは後半に響いてくるのです。なかには軽さを売りにする厚底シューズもありますが、それは恐らくクッション材がその分スカスカになっているのかもしれません。厚みから期待するほどのクッション性も得られないでしょう。

シューズで気をつけてほしいのはフィッティング。ランニングセミナーの参加者をチェックした経験を踏まえると、市民ランナーの8割は靴ひもが緩すぎるのです。靴ひもが緩すぎるとシューズがジャストフィットせず、遊びができて足がブレて動きがち。これではラン反射が低下しますし、動かないように無意識に足指で踏ん張るとふくらはぎの筋肉が疲れます。足が擦《す》れてマメの原因にもなります。かといって靴ひもがキツすぎると足を圧迫して血流が阻害されます。長時間走ると足がむくんで膨張しますから、痛みなどのトラブルの引き金にもなりかねません。緩すぎず、キツすぎないフィッティングを実現するために、レース前に5分ほど走って足全体へのシューズのホールド感をチェックし、修正してください。前足部を曲げても、かかとがヒールカップから離れないのが正解。爪先からひもを結び直し、シューズ全体で足をすっぽりホールドさせます。一度キツめに締めてから、ちょうどいい塩梅に緩めてホールド感を調整するとよいでしょう。ウルトラ後半では足が膨張し、靴ひもも伸びます。違和感があったら、レース中にエイドなどで手早く結び直してください。

CHAPTER 2

岩本式ウルトラ練習法を徹底解説

13-WEEK
ULTRAMARATHON
TRAINING PROGRAM

ロング走① レースペース走 ～5㎞ごとにペースをコントロール

この章では13週間メニューの練習法の中身を具体的に解説します。まずは1ロング、1スピードのポイント練習のうち、1ロングの柱となっているのが、レースペース走です。13週間メニューでは、時間がある毎週土曜に行う想定になっています。

この練習はレースペースを守り、今回の最長距離である60㎞（サブ3レベルのみ70㎞）まで9週目までに段階的に走る距離を延ばし、筋持久力と全身持久力（スタミナ）を養います。毎週末ごとに、ウルトラランナーとして成長するという意識で臨んでください。単に走り切るだけではなく、終わった後に「もう少し走りたい」と思える心身の余裕がほしいもの。この余裕がないと、翌週距離を延ばすのが難しいのです。

すでに触れたように、レースペースはF2・7で割り出したゴールタイムを100で割ったもの。おさらいしておきましょう。

◉レベル別のレースペース

サブ4・5（想定ゴールタイム12時間9分） ⇓ キロ7分17秒
サブ4（想定ゴールタイム10時間48分） ⇓ キロ6分29秒

サブ3・5（想定ゴールタイム9時間27分）⇓ キロ5分40秒
サブ3　（想定ゴールタイム8時6分）⇓ キロ4分52秒

レースペース走を行うときは、5kmごとにラップを取ります。ウルトラのレース本番でも5kmごとにラップを取り、一定ペースを守って走り抜きますから、レースペース走でも同じようにするのです。

⦿レベル別の5kmラップ

サブ4・5 ⇓ 36分27秒　サブ4 ⇓ 32分24秒
サブ3・5 ⇓ 28分21秒　サブ3 ⇓ 24分18秒

練習後半でもラップの落ち込みを避けて、前半より後半ほどタイムが縮まるネガティブスプリットを狙うべき。ラスト5kmで最速のファステストラップを叩き出すのがベストです。レースペースは、スタートから100km先のゴールまで一定ペースで走ると仮定したときのペース。ですから、60kmまたは70kmまでのレースペース走なら、ネガティブスプリットを刻み、最後をファステストラップで締めるのは、決して無理な相談ではないはずです。

そして20kmを超えるレースペース走を無補給で走るのは禁物。水やスポーツドリンク以外にも、トレーニング前後に糖質やたんぱく質などを補給します。

ロング走② レースペース走（ソツケン）〜成功レースを保障する

13週間メニューの9週目の土曜に行うレースペース走を〝ソツケン〟と呼びます。ソツケンは「卒業検定」の略。ソツケンをパスしたら、13週間メニューは晴れて卒業。あとは本番でペースを守って補給をきちんと行い、心理的な動揺が抑えられたら、目標タイムでウルトラ完走が成し遂げられる確率が高くなります。ソツケンはサブ4・5からサブ3・5レベルまでは60㎞、サブ3レベルは70㎞です。

フルの練習では、レース3週間前に30㎞走を行うのが市民ランナーの定番になっているようです。30㎞走は42㎞の約70％。100㎞の70％は70㎞ですが、60㎞でもソツケンになる秘密があります。日曜に3時間もしくは4時間のジョグを行うのです。

ポイント練習の翌日に重ねてセットで行う練習をセット練と呼びます。実は陸上長距離界ではセット練が普通。組み合わせ次第では1＋1＝2ではなく3となり、大きなトレーニング効果が得られます。ソツケンと3〜4時間のジョグによるセット練では、合計100㎞前後の距離を踏むことができます。これがクリアできたら、本番でも快走できる体力が身についた証拠であり、大きな自信となります。

ロング走③ 峠走 ～アップダウンの攻略術を学び、走力も引き上げる

ロング走のもう一つの柱になっているのが、僕のトレーニングの代名詞になっている峠走です。ご存知の方も多いと思いますから、簡単におさらいしましょう。

峠走では、上りで①推進力と②心肺機能、下りで③素早い動き（ラン反射）と④着地筋という走力の4つのポイントがバランスよく鍛えられます。

峠走はフルマラソン向けの練習法だと思われていますが、ウルトラにこそピッタリの練習法です。フルの2倍以上の距離を走るウルトラでは、サロマ湖や柴又100Kといった一部の例外を除くと、コースの随所に起伏があります。フラットな路面でいくら速くても、アップダウンで走りが乱れてしまっては失敗レースになりかねません。だからこそ峠走で上手に上り、上手に下る練習をしておいてください。

上り坂では目線を落とさずに進行方向へ向けて、背すじを伸ばしたまま、上体を股関節から前に倒し、肛門を後ろに向けるように骨盤を前傾させます。すると腰が入り、着地した瞬間に足首がきゅっと曲がり、アキレス腱が切れないようにラン反射が強く働いて効率的な走りが行えます。始めのうちはどうしても上り坂では目線が足元に向きがち。平地よ

りも懸命に頑張っているつもりなのに、まるでスピード感がないため、目線を足元に向けて速く進んでいる感覚がほしくなるからです。目線を下に向けてしまうと背中が丸まり、肩甲骨が背骨から離れ、肩甲骨と連動して骨盤が後傾します。骨盤が後傾すると腰が落ち、膝を曲げてカラダの前で着地するようになります。目線を下に向けたくなったら、顔を上げて肩甲骨を意識して背骨に寄せましょう。すると骨盤が前傾してラン反射を活用した弾むような走りが復活します。

下り坂では、カラダを前に投げ出すように、下っている路面に対して体軸を垂直に保って走ります。平地と同じ感覚で走ろうとすると、体軸が後傾してカラダの前で着地します。これでは1歩ごとにブレーキがかかり、膝関節に着地衝撃が直に加わり、故障につながります。さらに両手の拳を下げると腕の重みの分だけ、重心が下がって安定します。ランは、肩甲骨と骨盤を左右交互にひねりながら走る回転運動そのもの。拳を下げて重心を落とし、両腕をバランサーとして使うと回転が安定して楽に長く走れるのです。

「峠走はどんなペースで走ればいいのですか？」という質問をよく受けますが、峠走ではペースを気にしないでください。上りも下りも歩かなければＯＫです。下りから始めるのではなく、上り坂から始めるのがポイント。いきなり下ると衝撃が大きすぎるので、最初の10歩で脚が終わる恐れもあるのです。

ロング走④ 路上 ～座らずに立つ、歩く、走るを長時間続ける

前半に登場するロング走の一種が、その名もシンプルな「路上」というトレーニングです。トイレ休憩や体調不良を除き、座ったり、壁などにカラダを預けて休んだりするのは全面的に禁止。立つ、歩く、走るのいずれかで移動し続けます。すでに触れたように、立ちっぱなし、歩きっぱなしはカラダにダメージを残すので、走ってリセットする時間を必ず長めに取ります。路上トレーニングにはさまざまなバージョンがありますが、登場するのは3時間バージョン。ランナーはどうしても走行距離に換算したくなりますから、目安がほしいときは走ったり、歩いたりの3時間で20～25km移動するイメージを持ってください。20km未満だと立ちっぱなし、歩きっぱなしの時間が長い証拠です。

路上トレーニングがとくに有効なのは、フルを終えた直後で疲労がまだ残っている前半。疲労が残っているときに適度な刺激を加えて超回復を促すのが狙いです。他のロング走のアレンジメニューとして採用することもあります。

路上ですごすだけなのに、どんなトレーニング効果があるのか？　そう首を傾げるランナーもいるでしょうが、これはウルトラ、超ウルトラを何回も体験している僕が経験を活

かして考えたオリジナルの練習法です。ウルトラでは早朝にスタートして、日没が制限時間のリミットというレースが少なくありません。結果的に日中のすべてを路上で動き続けることになり、その間にトイレも食事も済ませます。マラソンは日常生活の一部の限られた時間を切り取ったものですが、ウルトラは日常生活そのもの。だからこそ、路上で長い時間動き続ける行為を「非日常」ではなく、「日常」に近づけられたら、ウルトラの実践的なトレーニングになるのです。

自宅からどこかへ移動するときは、歩くか走るかの二者択一。やむなく電車を利用する際もホームのベンチや車内のシートには座らず、立ちっぱなしを貫きます。ショッピングセンターで買い物をしたり、本屋で立ち読みをしたりするのも、立つまたは歩くに属しますが、レースではショッピングセンターにも本屋にも立ち寄りませんから、できる限り、路上で移動するようにしてください。途中で喉が渇いたり、お腹が空いたりしたら、コンビニなどで飲み物や食べ物を買って立ったまま飲み食いします。ファストフード店でも店内で座って食べず、テイクアウトして公園などで立って食べましょう。

この間、ランニングの姿勢を意識して、肛門を後ろに向けるように骨盤を前傾させて、左右の肩甲骨を寄せて背すじを伸ばします。ランニングのシミュレーションですから、ランニングシューズとランニングウェアで実行しましょう。

【ロング走のアレンジメニュー】トレイルラン&ウォーク

ロング走のアレンジメニューとしてトレイルで走るトレイルランニング（トレラン）、トレイルを歩くトレイルウォーキングを取り入れています。メインはトレランです。

僕は、基本的にはトレランをマラソン練習に取り入れるのを積極的におすすめはしません。ただ、基本メニューではなく、走る環境を変えて練習のモチベーションの維持に役立つなら、アレンジメニューに組み入れるもの悪くないでしょう。

ただし、トレランが基本メニューになり得ない理由と対策を頭に入れてください。

フルもウルトラも舗装されたオンロードで行われます。僕が参加している超ウルトラのバッドウォーターやスパルタスロンもオフロードではなく、あくまで舗装されたオンロードでのレースです。オフロードで行うトレランでは、一部の技術力のあるランナーを除き、フルにもウルトラにも超ウルトラにも役立つ実践的な走力は身につきにくいのです。

レースと同じ舗装路で行う峠走と、足元が悪いトレイルで行うトレランは似て非なるもの。上りでも下りでも走り続ける峠走と違い、トレランでは傾斜が急な上りでは歩きます。レースではスタートからゴールまで走り続けますから、トレランの練習ばかりでは走力は高まりにくいのです。ちなみにトレラン界のスターであるアメリカのスコット・ジュレク氏も、日本が世界に誇る鏑木毅さんも、普段のトレーニングはロードで行っているとか。トレランではトレイルをいかに確実に上り、いかに素早く下りるかというテクニックにスポットが当たることが珍しくありませんが、フルやウルトラと同じく、問われているのは絶対的な走力に他なりません。それが鍛えられるのはロードでの練習であり、トレイルではなく、ロードで行う峠走なのです。

トレランの問題点として、下りでフォームが崩れる危険性も挙げられます。スコット・ジュレク氏や鏑木さんのようなトップ選手でない限り、トレランの下りでは恐る恐る走るへっぴり腰になり、かかと着地でブレーキをかけながら走ります。この走りがクセになるとペースが上がらず、膝関節に着地衝撃が溜まりやすくなります。股関節は骨盤の両脇にあり、背骨を軸に骨盤がローリングするランでは両脚の軌跡はX字を描き、両脚の間から前に延びる1本のライン上に着地するのが正解。しかしトレラン初心者は、下りでは両肩も骨盤も回転しにくく、ガニ股で両脚の延長線に着地する2軸の走りとなり、左右へのブレが生じて走りの効率が落ちやすいのです。

こうしたフォームの崩れをリセットするため、トレランの仕上げに舗装されたオンロードを500mほど下って練習を終えてください。

自分に合ったロング練習のコースの作り方を学ぶ

1ロングのレースペース走では最長60㎞（サブ3レベルは70㎞）まで距離を延ばします。フルマラソンのレースでもコース設定に苦労するくらいですから、フル以上の距離を走る練習コースの作り方も知っておいてください。

まずは僕のやり方を説明します。東京を本拠地にしている僕は、超ウルトラに備えたロング走では、東京から88㎞離れた小田原まで電車で移動して、そこから東京まで走って戻るという方法で練習してきました。走れば走るほど自宅に近づけるので、「あと○㎞でうちに戻って寝ることができる」と思えて気が楽なのです。マラソンからウルトラへと主戦場を移したエリック・ワイナイナ選手も、高尾山まで移動してから都心まで戻る約50㎞のコースでトレーニングしているそうです。

次に紹介するのは、ウルトラにエントリーする『club MY☆STAR』のメンバーの多くが採用しているやり方。ルートは僕と同じ東京〜小田原間ですが、僕とは真逆に東京から小田原まで88㎞走るのです。小田原には「小田原お堀端　万葉の湯」という温泉施設があります。そこで温泉にのんびり入り、美味しいものを食べることを鼻先にニンジンとしてぶら下げて、ロング走をこなしているのです。

この他、自宅から一筆書きのコースを走って戻るコースもあれば、河川敷のように直線コースを中間地点まで進み、Uターンして戻ってくるコースもあります。Uターンの場合、往路よりも復路の方が若干速くなるネガティブスプリットを刻むのが理想です。

「コースの作り方がわかりません」「コーチ、私のコースを作ってください！」といった相談を受けることもありますが、僕は「自分で考えなさい」と突き放します。冷たいようですが、コースは練習の土俵。その基礎部分を他人任せにするのは、練習に向き合う気持ちが高まっていない証拠ですから、ハードなトレーニングはこなせないのです。

イマドキはネット上に距離測定サイトもありますし、ウルトラに挑もうというランナーならGPSウォッチだって持っているでしょう。その気になれば、あっという間に自宅周辺にお気に入りのコースが作れるはずです。

距離測定サイトもGPSウォッチもなかった時代、僕らは国土地理院の2万5000分の1の地図にコンパスを当てて、コンパスの針で地図を穴だらけにしながら苦労して距離を割り出したものです。便利な時代になってそんな苦労も不要になったのですから、コース作りを他人に頼るのはやめてください。フルでもウルトラでも、自分でオリジナルのコースを作り、コツコツと一人で練習するランナーが強くなると僕は信じています。

無補給のロング走では〝強い脚〟はできない

ウルトラでは、レースのみならず、練習でも食べないとダメ。フルの練習では30km走や峠走を数本やる程度ですが、ウルトラの練習では30km以上の距離を繰り返し走ります。そうなると、本番と同じようにエネルギー補給への配慮が欠かせなくなるのです。

距離に関わらず、ロング走の1時間ほど前には、消化のよい食品から糖質とたんぱく質を摂取します。糖質は運動のエネルギー源となって血糖値を保ち、たんぱく質は筋肉の消耗をブロックしてくれます。

糖質とたんぱく質のボリュームは3対1が理想。鮭おにぎり、ハムやツナのサンドイッチ、飲むヨーグルトなどがそれに相当します。たんぱく質入りのゼリー食品、逆に糖質を添加したプロテイン（たんぱく質サプリメント）でもよいでしょう。

ロング走では水分をスポーツドリンクなどから適宜補給しますが、途中では固形の糖質はあえて補給しないように心がけます。レース後半で潰れるのは糖質が枯渇するのが一因ですが、糖質補給しながら練習しているとカラダは「困ったら糖質が入ってくるだろう」と甘えてしまうため、糖質の消費を節約するために必要な脂質代謝の活性化が停滞するからです。ロング練習で糖質を節約する体質を作ったうえで、本番では5㎞ごとに糖質を摂ってガス欠を徹底的に避ける戦略を取ります（174ページ参照）。

行けるところまでは水分以外は摂らずに走り続けます。設定した距離がそのままこなせたら万々歳ですが、途中で集中力が落ちたり、お腹が空いたり、練習をやめたくなったりしたら、要注意。それはいずれも糖質の欠乏を感知した脳から発せられるSOSであり、血糖値が下がって筋肉の分解が進むことがあります。事前の食事量やコンディションで変わりますが、一つの目安として20㎞以上のロング走では途中で脳からのSOSサインが出ると想定し、エナジージェルなどの糖質の補給アイテムを準備。SOSサインが出たら、迷わずジェルなどから糖質を補給します。「ガス欠に負けた！」と落ち込むのではなく、食べながら走るレースのシミュレーションになると前向きに捉えましょう。

昔は「水を飲まずに我慢すると根性がつく」という俗説を信じる人も多かったのですが、いまでも「無補給で走り切った方がエライ」という都市伝説がフルやウルトラの世界でまかり通っています。それは大きな勘違い。**無補給の間に筋肉の消耗が進んだら、ウルトラに欠かせない〝強い脚〟は養えません。**加えて練習を終えたら3分以内に再び糖質とたんぱく質を補給します。それで筋肉内のグリコーゲン量が回復し、消耗した筋肉の補修も促されますから、次回のポイント練習も予定通りにこなせるのです。

スピード走 15kmビルドアップ走
～速い動きを身につけ、余力を作る

1スピードの柱は、5kmごとにスピードアップする15kmビルドアップ走です。フルの練習法でも、15kmビルドアップ走は峠走と並ぶポイント練習の2トップの座を占めますが、ウルトラの15kmビルドアップ走は、フルのそれとは役割が異なっています。

フルではレースペースを底上げするために、週を追うごとにペースを上げます。その点、ウルトラはスピードを固定して行います。レースペースを上げるのが狙いではなく、前述のようにロング走だけでは小さくなりがちな動きをダイナミックに整えるとともに、ミトコンドリアを活性化して心肺機能を高め、レースペースに対する余裕度を確保してレースペース走の距離を延ばすのが狙いだからです。フルのノリでビルドアップのペースを上げ続けると、レースペース走との開きが大きくなりすぎて実践的な練習になりません。

設定ペースは、レースペースでの5kmラップが目安（43ページ参照）。始めの5kmはほぼレースペースでスタート。といっても、フルのレースペースより2～3分遅いのでゆっくり感じられるはず。筋肉が温まって動きがよくなったら、次の5kmは1分上げ、最後の5kmはさらに1分30秒上げます。レベル別のビルドアップ走のタイムは次の通りです。

⦿レベル別の15㎞ビルドアップ走のタイム

サブ4・5	始めの5㎞：36分	⇓	次の5㎞：35分	⇓	最後の5㎞：33分30秒
サブ4	始めの5㎞：32分	⇓	次の5㎞：31分	⇓	最後の5㎞：29分30秒
サブ3・5	始めの5㎞：28分	⇓	次の5㎞：27分	⇓	最後の5㎞：25分30秒
サブ3	始めの5㎞：24分	⇓	次の5㎞：23分	⇓	最後の5㎞：21分30秒

フルに備えた15㎞ビルドアップ走は、週を追うごとに設定ペースを上げますが、ウルトラ仕様の15㎞ビルドアップ走のペースは13週間固定。最初からすでにそれだけの能力があるのと、100㎞には、それ以上のスピード能力は必要ないからです。ですから、練習を続けると走力が上がり、楽に感じるほどでしょう。13週間メニューの中盤以降、ロング走が設定通りにこなせているなら、気分よく上げられるところまで上げてもOKです。

なぜウルトラのビルドアップ走がフルと同じ距離でいいのか？　その理由はビルドアップ走で頑張りすぎると疲れてしまい、週末のロング走で長い距離が踏めなくなる恐れがあるからです。僕自身、2000年に初挑戦したスパルタスロンに備えた練習の一環で、毎週水曜日に35㎞ビルドアップ走をやった経験があります。その結果、スピードを求めるビルドアップの距離が長すぎると疲労が抜けなくなり、ロング走が十分にこなせなくなりました。それがリタイアの原因の一つになったと思っています。

【スピード走のアレンジメニュー①】トレッドミル＋ステップマシン

前半の15㎞ビルドアップ走のアレンジメニューとして用意したのが、ジムや公共スポーツ施設のトレッドミル＋ステップマシンを利用したクロストレーニング。雨天や疲れが溜まっているときに選択します。まずは5㎞＋5㎞＝ビルドアップ走をトレッドミルで行います。レースペースの1分上げで入り、最後はそこから1分30秒上げで終わります。続いてステップマシンで10分間、1分ごとにレベルを上げ、心拍数は毎分155拍前後になるまで追い込みます（↑ステップマシンには心拍数が測れるタイプが多いのです）。

トレッドミルを使う際は傾斜はつけないようにします。傾斜をつけると転がり落ちないように、ふくらはぎを使って足首で蹴る悪い動きが身につきやすいのです。傾斜をつけないと、路面を蹴らないラン反射を活かした正しい走りがインプットされます。

ステップマシンは階段上りをシミュレートした有酸素系マシン。プレートに足を置いたままで行うため着地衝撃がなく、着地筋を無駄に疲労させることなく、心拍機能を鍛えてミトコンドリアを活性化するというスピード練習の目的が果たせます。骨盤を前傾させた正しい姿勢が作りやすいのもメリット。股関節を軸にかかとで押す意識を持ちましょう。

【スピード走のアレンジメニュー②】10㎞ビルドアップ走＋縄跳び（or階段昇降）

いつまでもトレッドミルとステップマシンに頼っていられないので、6週目からは10㎞ビルドアップ走＋縄跳び（or階段昇降）というアレンジメニューに変更します。想定シーンは疲れて15㎞ビルドアップ走が辛く感じるとき。スピード走で疲れてロング走がこなせなくなるより、アレンジしてロング走を着実にこなした方が走力は上がります。

10㎞ビルドアップ走はレースペースの1分上げで入り、さらに1分30秒上げて終わります。その後、残り5㎞分の刺激を足腰と心肺に加えるために、縄跳びor階段昇降を。

縄跳びは足首で地面を蹴るのではなく、骨盤を前傾させて重心の真下に着地し、その反動で跳ぶのがコツ。ランニングの着地とまったく同じメカニズムなので、フォーム矯正にもつながります。加えて心肺機能を高めてスタミナをつける効果も高いのです。100回×2セットを目安に行いましょう。

縄跳びが手元にないときは、自宅マンションやオフィスなどの階段を10分間を目安に上り下りします。猫背にならないように肩甲骨を寄せて、骨盤を前傾させた姿勢を保って行うようにしてください。背中が丸まったり、腰が落ちたりするのはNGです。10㎞走った後で脚が疲れているので、転倒に注意してください。

つなぎ練習 ジョグ ～鼻呼吸で走力を維持しながら、疲労回復を促す

つなぎ練習に行うのはジョギング。狙いは2つあります。一つ目はポイント練習で高めた走力が落ちないようにキープすること。もう一つは、疲労回復の促進です。

オフ日のように動かないで脚を温存し、疲労回復を促すメソッドは、受動的休養（パッシブ・レスト）。それに対してカラダを適度に動かしながら、疲労回復を促すメソッドは積極的休養（アクティブ・レスト）と呼ばれます。とくにジョグのように軽く走ると、ふくらはぎを中心とする筋肉ポンプの働きにより、血液循環が促されて疲労物質が押し流されますから、じっとしているよりも疲労が回復しやすいのです。

ジョグの平均ペースは、息が上がらず、鼻呼吸で走り切ることができるペース。**レベルごとの目安は、サブ4・5はキロ6分～6分30秒、サブ4はキロ5分45秒～6分15秒、サブ3・5はキロ5分30秒～6分、サブ3はキロ5分～5分45秒です。**いくら気持ちよく走れても、設定した時間以上は決して走らないこと。走りすぎると疲労が軽減するどころか、逆に増幅します。疲労を感じたらジョグの時間を短くしてもOK。ジョグで疲れてしまい、肝心のポイント練習がこなせなくなったら本末転倒です。

脚が重たい日にポイント練習をやり遂げるための2つのステップ

体調にはバイオリズムによる波があります。ウルトラに備えて厳しいトレーニングを積んでいたら、直前の練習のダメージや疲労回復の度合いに応じて体調に大きな波が生じるのが当然。脚が軽い日もあれば、脚が重たくて走るのが億劫に感じる日もあります。

ポイント練習はなるべくなら脚が軽い日にやりたいものですが、脚が重たい日に当たることもあります。それでもレースは待ってくれませんから、脚が重たいという理由で練習をパスできません。脚が重たいときにポイント練習をやり遂げるには、大きく2つのステップがあります。いずれにしてもまずは走り出しましょう。

2〜3km走ってカラダが温まってくると、ふくらはぎを中心とする筋肉ポンプの作用で疲労物質が押し流された結果、脚が軽くなってくることがあります。ボディとマインドはコインの裏表のようなものですから、脚が軽くなると「今日のポイント練習、やりたくないな」というマイナス思考も霧散して心まで軽くなります。そうなればしめたもの。そのまま想定通りにポイント練習がこなせるでしょう。

2〜3km走ったのに、カラダも心もどんより重たいままなら、時計を止めて思い切って

10分ほどの休憩を入れます。コンビニで飲み物を買うついでにトイレを借りたりして、脚を止める時間を作るのです。この休憩で重たい脚が軽い脚に変わるケースも多々あります。僕自身、疲労が溜まったままで臨んだポイント練習で、トイレ休憩を取ったら別人のように生まれ変わって快走できた経験が何度かあります。生まれ変わったら、時計を動かしてポイント練習の続きに取り組みましょう。

この2つのステップでも脚がゾウのように重たいときには、その時点で思い切ってポイント練習を中止します。そのまま続けても質の高い練習にはならず、トレーニング効果が得られないばかりか、疲労のさらなる蓄積につながり、それ以降の練習がプラン通りに消化できなくなるからです。勇気を持って練習を途中でストップさせたら、翌日新たな気持ちで前日のポイント練習のリベンジに取り組みます。体調には波がありますから、一晩眠るだけでリフレッシュしてゾウのように重たい脚がカモシカのように軽い脚となり、鼻歌まじりでポイント練習がこなせることもあるのです。

最悪なのは、休む勇気がなくてゾウ脚のままポイント練習を続けるパターン。たとえば、40㎞のレースペース走に挑み、25㎞地点で「もう無理！」と中止するケースです。練習が中途半端になり、望んだ成果が得られないうえに、25㎞分の疲労が溜まっているので翌日リスタートすることも叶いません。骨折り損のくたびれ儲けに陥らないように。

「食べるのも練習の一つ。栄養価を考えながら食事量を増やす

軽自動車の方が普通自動車よりも燃費がよいように、同じ骨格なら身軽な方がより少ない運動エネルギーで走れます。だからといってウルトラランナーにダイエットは厳禁。無駄な体脂肪が落ちるだけならノープロブレムですが、実際は運動の主役となる筋肉も同時に削れてしまうので、ランニングのパフォーマンスは落ちるのです。

13週間メニューを実施している間、食事量はむしろ増やすべき。ランニングの消費カロリー＝体重（kg）×走行距離（km）ですから、体重55kgで20km走ったら1100kcal消費しています。その分は食事の摂取を増やすのが自然。食べたいだけ食べましょう。

重視したいのは糖質とたんぱく質。糖質は運動のエネルギー源であり、練習量を増やすと体内の貯蔵量がガクンと減ります。糖質制限が流行っていますが、減らしすぎるのは絶対NG。たんぱく質は筋肉を始めとするカラダを作る栄養素。たんぱく質はおよそ20種類のアミノ酸からなり、そのうち9種類は体内では合成できない必須アミノ酸なので、食事から摂り入れるほかないのです。たんぱく質の必要量は一般人で1日に体重1kgあたり0・8〜1・0g。体重55kgなら44〜55gです。ウルトラの練習に励むと筋肉は消耗しますから、

体重1kgあたり1・5gは摂っておくべき。体重55kgなら82・5gです。主要なたんぱく源は肉類、魚介類、大豆・大豆製品（豆乳、豆腐、納豆）、鶏卵、牛乳・乳製品。肉類や魚介類は手のひらサイズの100gで約20g、豆乳ならコップ1杯200㎖で約8g、木綿豆腐は1丁300gで約20g、納豆1パックで約8gのたんぱく質が摂れます。

カラダは食べたもので作られますから、粗悪なジャンクフードやファストフードばかり食べていると、粗悪で軟弱なカラダになりかねません。おすすめは日本人の食文化と体質に合っている和食。時間が許せば自炊するのがベストです。僕の食生活は9割以上和食で、朝食は自炊が基本。典型的な3食のメニューは次の通りです。

◉岩本の典型的な食事

朝食（自炊）：雑穀ブレンドご飯、自家製味噌の味噌汁、目玉焼き、納豆、自家製ぬか漬け、自家製野菜ジュース、果物（オレンジ、キウイフルーツ、いちごなど）
昼食（外食）：焼き魚定食＋豆乳
夕食（外食）：焼き魚or煮魚or刺し身、野菜サラダ、ビール
間食：L-グルタミン、オルニチン、マルチビタミン

魚介類を好んで肉類をあまり食べないのは、食べるとあまり調子がよくないから。肉類を全否定しているわけではありません。皆さんも自分に合った食事を見つけてください。

COLUMN
02

走りをサポートし、擦れを防止するテーピング術

ウルトラランナーなら、最低限のテーピングは自分で行いましょう。本番前に慌てないように、ロング走時にテーピングを試し、上手な貼り方をマスターしてください。ここではカラダの負担を減らして走りをサポートするために、膝、足首、腰の３ヵ所へのテーピングを紹介します。僕が使っているのは《ニューハレ》のテーピング用粘着テープ。下にも記しますが、詳しい貼り方は《ニューハレ》のサイト（new-hale.com）の動画で確認できます。

ロング走やレースではカラダの擦れが気になりますが、テーピングは腋の下や股間などの擦れ防止にも有効。男性は、フルでは何ともなかった乳首がウェアで擦れて大出血を起こすこともありますから、テーピングでカバーしましょう（←絆創膏を貼ると、中央のパッド部分が乳首と擦れて逆に出血しやすくなります）。テープは剝がれにくいように、四隅を丸くカットします。足のマメ対策にもテーピングは役立ちます。指の間や付け根などマメができやすいところにテープを貼り、５本指ソックスをはいてマメを予防しましょう。

走りをサポートするテーピング術①膝下

《ニーダッシュ》膝下に貼り、膝のお皿（膝蓋骨）の無駄な動揺を抑え、着地時の膝下を安定させます。

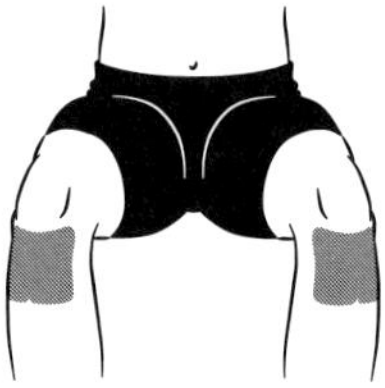

走りをサポートするテーピング術②足首

《Xテープ》足首で蹴る動作はふくらはぎなどの疲労につながります。足首で蹴らないために、足首を90°に曲げたままで固定してお尻や太もも後ろ側などの大きな筋肉で股関節を伸展させるフォームに導きます。X状テープで横ぶれを防ぐテーピングの後、ヒールロックのテーピングを行います。

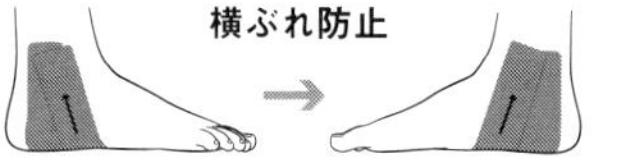

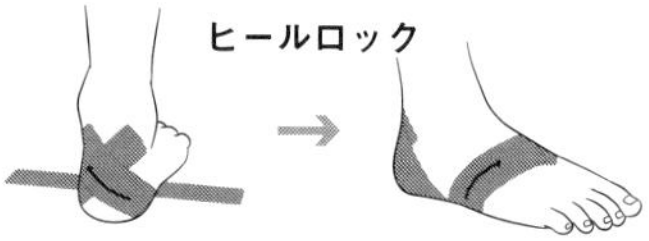

走りをサポートするテーピング術③腰

《Vテープ》腰に加わる着地衝撃を緩和します。背中を思い切り丸めた姿勢で、V字テープのつながっている部分を仙骨に貼り、そこから背骨の両脇を縦に走る脊柱起立筋群の峰に貼ります。

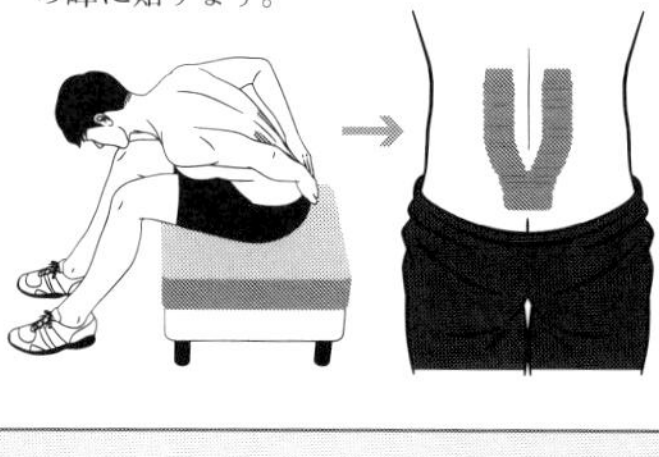

擦れを防止するテーピング術　乳首

剝がれにくいようにテープの四隅をカットしてから、乳首を覆うように貼ってください。

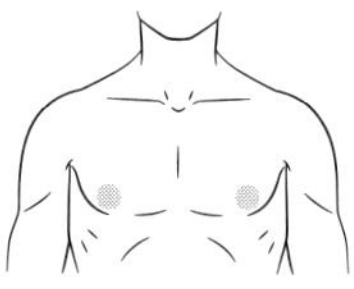

CHAPTER 3

13-WEEK ULTRAMARATHON TRAINING PROGRAM

レベル別・書き込み式 13週間練習メニュー

sub- 4.5 Level

week 1

サブ4.5レベル／1週目

ウルトラ目標タイム	12:09
レースペース	7'17"/km

走りすぎは禁物。週3回のオフを死守して疲労回復

	アレンジメニュー	重要度
	●**トレイルウォーク**120分	☆☆☆

走行距離	星の数
合計 km	合計 個

マラソンで4時間が切れないランナーでも、およそ90日後にウルトラマラソンを快走することは可能です。その秘訣は、マラソンが終わった翌週から早速トレーニングをスタートすること。翌月曜はさすがにオフですが、火曜、水曜、金曜は鼻呼吸ペースでジョグします。こうすれば、マラソンのために培った走力を落とさずに、ウルトラマラソンに再利用できるのです。ただし、サブ4.5レベルで走りすぎは絶対に禁物ですから、週3回はオフ。唯一のポイント練習は日曜の3時間路上、またはアレンジメニューの2時間トレイルウォークです。

日にち	基本メニュー	重要度
/ (月)	オフ	
/ (火)	● **ジョグ** 30分	☆
/ (水)	● **ジョグ** 30分	☆
/ (木)	オフ	
/ (金)	● **ジョグ** 60分	☆
/ (土)	オフ	
/ (日)	● **路上** 3時間	☆☆☆

MEMO

練習メニューの使い方：空いているスペースに、その日自分が行った練習を書き込もう。岩本式メニューを達成できたら、重要度欄にある☆を塗りつぶし、星の数をカウント。

sub- 4.5 Level
week 2

フルよりも1分近く遅いレースペースで2回ロング走を行う

サブ4.5レベル／2週目

ウルトラ目標タイム	12:09
レースペース	7'17"/km

	アレンジメニュー	重要度
	●**レースペース走**10km（キロ7'17"）＋●**階段昇降**10分 or ●**レースペース走**10km（キロ7'17"）＋●**縄跳び**100回×2セット	☆☆
	●**トレラン**15km ＋ ●**舗装路の下り**500m	☆☆☆

走行距離	星の数
合計　　km	合計　　個

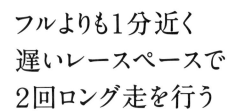

sub-4.5 Level

ウルトラの練習も１ロング＋１スピードが鉄則。３週目からはそのルールに従いますが、傷口に塩を塗るようにフル直後から走った翌週ですから、スピード走はパス。水曜と土曜のロング走×２回に留めます。疲れているなら水曜のレースペース走を10㎞に減らし、階段昇降か縄跳びをプラス。「水曜に15㎞、土曜に20㎞もレースペースで走るなんて無理だ！」と早合点をしそうですが、ペースはフルマラソンよりも１分近くも遅いもの。心配はいらないのです。アレンジメニューを選ぶなら、トレイルは歩くのではなく走ってください。

日にち	基本メニュー	重要度
/　(月)	オフ	
/　(火)	●**ジョグ**30分	☆
/　(水)	●**レースペース走**15㎞（キロ7'17''）	☆☆
/　(木)	オフ	
/　(金)	●**ジョグ**60分	☆
/　(土)	●**レースペース走**20㎞（キロ7'17''）	☆☆☆
/　(日)	オフ	

MEMO

sub-4.5 Level
week 3

サブ4.5レベル／3週目

ウルトラ目標タイム	12:09
レースペース	7'17"/km

1ロング、1スピードでウルトラモードの練習メニューが本格始動

	アレンジメニュー	重要度
	●トレッドミル 10km（35'00"➡33'30"） ＋ ●ステップマシン 10分（心拍毎分155拍まで追い込む）	☆☆
	●トレイルウォーク 120分	☆☆☆

走行距離	星の数
合計 km	合計 個

3週目から、練習メニューも徐々にウルトラ仕様になります。週休2日で水曜の1スピード＋土曜の1ロングというポイント練習の2本柱が揃うのです。1スピードは5㎞ごとにペースを上げるビルドアップ走。始めの5㎞は36分（←ほぼウルトラのレースペース）、次の5㎞は1分上げて35分、最後は1分30秒上げで33分30秒。雨などで外を走るのが難しい場合、ジムや公共スポーツ施設のトレッドミルとステップマシンを活用します。土曜は3時間路上ですが、できる限り走りましょう（←でもレースペース以上の速さで走らないこと！）。

日にち	基本メニュー	重要度
/ (月)	● **ジョグ**60分	☆
/ (火)	● **ジョグ**30分	☆
/ (水)	● **15㎞ビルドアップ** 36'00" ➡ 35'00" ➡ 33'30"	☆☆
/ (木)	オフ	
/ (金)	● **ジョグ**60分	☆
/ (土)	● **路上**3時間	☆☆☆
/ (日)	オフ	

MEMO

sub- 4.5 Level
week 4
サブ4.5レベル／4週目
ウルトラ目標タイム 12:09
レースペース 7'17"/km

レースペースで30kmを走り切る。無補給ランはNG

	アレンジメニュー	重要度
	●**トレッドミル**10km（35'00"➡33'30"）＋ ●**ステップマシン**10分（心拍毎分155拍まで追い込む）	☆☆
	●**トレラン**25km ＋ ●**舗装路の下り**500m	☆☆☆

走行距離	星の数
合計 km	合計 個

今週を終えると全体のほぼ３分の１が終了しますが、この頃になると体調の変化に気づきがあるはず。カラダが絞れてシューズや指輪が緩く感じたりするかもしれません。体脂肪率は減っても問題ありませんが、食べているつもりなのに体重が減るときは食事内容に問題がある恐れも。62ページを参考に食生活を見直します。土曜は30kmレースペース走。今後も、20kmを超えるロング走は糖質とたんぱく質を前後に補給して行うのが鉄則。無補給ランでは筋肉が削れます。アレンジメニューでトレランをするなら、5km減の25kmでOK。

日にち	基本メニュー	重要度	
/　(月)	●ジョグ60分	☆	
/　(火)	●ジョグ30分	⯪	
/　(水)	●15kmビルドアップ 36'00'' ➡ 35'00'' ➡ 33'30''	☆☆	
/　(木)	オフ		
/　(金)	●ジョグ60分	☆	
/　(土)	●レースペース走30km（キロ7'17''）	☆☆☆⯪	
/　(日)	オフ		

MEMO

sub- 4.5 Level
week 5
サブ4.5レベル／5週目
ウルトラ目標タイム 12:09
レースペース 7'17"／km

第1回目の峠走。ペースを気にせず、肩の力を抜いてトライ

	アレンジメニュー	重要度
	● **トレッドミル** 10km（35'00"➡33'30"）＋ ● **ステップマシン** 10分（心拍毎分155拍まで追い込む）	☆½
	● **路上** 3時間	☆☆☆

走行距離	星の数
合計　　　km	合計　　　個

今度の13週間メニューには、名物の峠走が合計３回登場します。その初回をこの週の土曜に実施します。距離は25km。峠走はペースを気にせず、上りも下りも途中歩かないで走り続けることだけを念頭に置きましょう。ハードなイメージが先行している峠走ですが、とにかく峠まで行って帰ってくればいいと気楽に捉えればいいのです。４週間の疲労が溜まり、峠に行く気力が起こらないときは３時間路上を実施。余力があるなら歩かないで走り続けてください。翌日曜は完全オフで走らず歩かず疲労を抜き、来週のトレーニングに備えて。

日にち	基本メニュー	重要度
/ (月)	● **ジョグ** 60分	☆
/ (火)	● **ジョグ** 30分	½☆
/ (水)	● **15kmビルドアップ** 36'00''→35'00''→33'30''	☆☆
/ (木)	オフ	
/ (金)	● **ジョグ** 60分	☆
/ (土)	● **峠走** 25km	☆☆☆☆½☆
/ (日)	オフ	

MEMO

sub- 4.5 Level
week 6
サブ4.5レベル／6週目
ウルトラ目標タイム 12:09
レースペース 7'17"/km

メディカルチェックでカラダの声を聞く。トレッドミルは追放

	アレンジメニュー	重要度
	●**10kmビルドアップ**（35'00"➡33'30"） ＋ ●**階段昇降**10分 or ●**10kmビルドアップ**（35'00"➡33'30"） ＋ ●**縄跳び**100回×2セット	☆
	●**レースペース走**25km（キロ7'17"）	☆☆☆☆

走行距離	星の数
合計　　km	合計　　個

メディカルチェックで内科を受診します。血液検査の結果を踏まえ、医師に相談して適切に対処してください。その結果が悪かったら、土曜のレースペース走は10km減らします。この1週間の走行距離は75km前後であり、月間換算でサブ3ランナーの目安となる300kmに達します。けれど、フルのペースより1分近く遅めなので笑顔で完遂できます。水曜のビルドアップ走が辛いなら10kmに短縮し、階段昇降か縄跳びをプラス(←7週目以降も同様)。今後はアレンジからトレッドミルを追放。悪天候でもレースを想定して屋外を走ります。

日にち	基本メニュー	重要度
/ (月)	● **メディカルチェック** ＋ ● **ジョグ**60分	☆
/ (火)	● **ジョグ**30分	½☆
/ (水)	● **15kmビルドアップ** 36'00''➡35'00''➡33'30''	☆½☆
/ (木)	オフ	
/ (金)	● **ジョグ**75分	☆
/ (土)	● **レースペース走**35km(キロ7'17'')	☆☆☆☆½☆
/ (日)	オフ	

MEMO

sub-4.5 Level
week 7

サブ4.5レベル／7週目

ウルトラ目標タイム	12:09
レースペース	7'17"/km

来週に備えて内容は少しソフト。2度目の峠走を実施

アレンジメニュー	重要度
● **10kmビルドアップ**(35'00"➡33'30") ＋ ●**階段昇降**10分 or ● **10kmビルドアップ**(35'00"➡33'30") ＋ ●**縄跳び**100回×2セット	☆
● **路上**3時間	☆☆☆☆

走行距離	星の数
合計 km	合計 個

この週は全体的に箸休め的でややソフトな内容になっています。なぜなら強めに刺激を入れた後に疲労を抜いて心身の超回復を促すためにも練習にはメリハリが求められますし、翌8週目がかなりハードだからです。土曜には2度目の峠走25㎞。5週目と同じ距離ですが、2度目なので「こんなに楽だったの？」と拍子抜けするはず。走力が上向いている何よりの証です。ここから先は走力が上がり、水曜のビルドアップ走の設定ペースがラクに感じるはずです。疲れが溜まらずロング走がこなせるなら、ややペースアップしても平気です。

日にち	基本メニュー	重要度
/ (月)	● **ジョグ**60分	☆
/ (火)	● **ジョグ**45分	⯨
/ (水)	● **15㎞ビルドアップ** 36'00" ➡ 35'00" ➡ 33'30"	☆⯨
/ (木)	オフ	
/ (金)	● **ジョグ**60分	☆
/ (土)	● **峠走**25㎞	☆☆☆☆⯨
/ (日)	オフ	

MEMO

sub- 4.5 Level
week 8

サブ4.5レベル／8週目

ウルトラ目標タイム	12:09
レースペース	7'17"/km

週休1日で頑張るハードウィーク。ロング走は45km

	アレンジメニュー	重要度
	● **10kmビルドアップ**(35'00"➡33'30") **+** ● **階段昇降** 10分 **or** ● **10kmビルドアップ**(35'00"➡33'30") **+** ● **縄跳び** 100回×2セット	☆
	● **レースペース走** 35km (キロ7'17")	☆☆☆☆☆

走行距離	星の数
合計 km	合計 個

8週目と9週目には、今回の13週間プログラムで最高にハードなトレーニングを行います。これまでは最低週休2日でしたが、8週目のオフは1日のみ。そして土曜のレースペース走は45kmまで延長します。どうしても疲れが抜け切れないときは10km減らしても仕方ありませんが、レースで苦しまないためになるべくなら最後まで走り切りましょう。7週目まで日曜はオフ日でしたが、脚をいじめてV字回復させるために30分ジョグを行います。練習がハードになるほど、その分食事量もしっかり増やして体力の消耗をカバーしてください。

日にち	基本メニュー	重要度	
/ (月)	● ジョグ60分	☆	
/ (火)	● ジョグ45分	½☆	
/ (水)	● 15kmビルドアップ 36'00'' ➡ 35'00'' ➡ 33'30''	☆½☆	
/ (木)	オフ		
/ (金)	● ジョグ60分	☆	
/ (土)	● レースペース走 45km（キロ7'17''）	☆☆☆☆ ☆½☆	
/ (日)	● ジョグ30分	½☆	

MEMO

sub-4.5 Level

week 9

サブ4.5レベル／9週目

ウルトラ目標タイム	12:09
レースペース	7'17"/km

最重要ウィーク。土曜にソツケン、日曜にセット練を

	アレンジメニュー	重要度
	●ジョグ15km	☆

走行距離	星の数
合計　km	合計　個

いよいよ本プログラムの最重要ポイント週を迎えました。土曜の60kmレースペース走はソツケン。これを乗り越えたら、F2.7の目標タイムを全うする確率がとても高くなります。土曜のメニューにはアレンジメニューを用意してきましたが、ソツケンはあくまでソツケン。安易にアレンジに逃げてはいけません。そして畳みかけるように日曜は3時間のジョグ。辛くなったら最悪少しは歩いてもOKですが、セット練で90km近くを走り、100kmという距離に対する不安をすっかり一掃します。疲れが抜け切れないと感じたら、水曜のビルドアップ走は15kmジョグに変更。ソツケンに万全の体調で臨んでください。

日にち	基本メニュー	重要度	
/ (月)	オフ		
/ (火)	●**ジョグ**45分	☆	
/ (水)	●**15kmビルドアップ** 36'00"➡35'00"➡33'30"	☆☆	
/ (木)	オフ		
/ (金)	●**ジョグ**60分	☆	
/ (土)	ソツケン ●**レースペース走**60km（キロ7'17"）	☆☆☆☆ ☆☆☆	
/ (日)	セット練 ●**ジョグ**180分	☆☆☆	

MEMO

sub-4.5 Level

week 10

サブ4.5レベル／10週目

ウルトラ目標タイム	12:09
レースペース	7'17"／km

最後の峠走に挑み、ウルトラに打ち勝つ強い脚に仕上げる

	アレンジメニュー	重要度
	●レースペース走10km（キロ7'17"） or ●ジョグ90分	☆
	●ジョグ30分	½☆
	●トレラン25km ＋ ●舗装路の下り500m	☆☆☆½☆

走行距離	星の数
合計　km	合計　個

ソツケン明けの10週目は週休３日。従来の１ロング＋１スピードという鉄板メニューに別れを告げ、練習量（走行距離とスピード）を落とすテーパーリングを行い、疲労を抜きながらレースに照準を絞った超回復を狙います。水曜は脚に響くビルドアップを避けて15㎞のレースペース走。９週目の疲れが抜けないランナーは10㎞に減らすか、90分ジョグにアレンジします。土曜には最後の峠走でウルトラモードの強い脚を作ります。疲れが溜まって完遂が難しいと思ったら、金曜のジョグを30分に短縮して力を十分貯めてから峠走に挑んで。

日にち	基本メニュー	重要度
／　㈪	オフ	
／　㈫	● **ジョグ** 30分	☆（半）
／　㈬	● **レースペース走** 15㎞（キロ7'17"）	☆☆（半）
／　㈭	オフ	
／　㈮	● **ジョグ** 60分	☆
／　㈯	● **峠走** 25㎞	☆☆☆☆
／　㈰	オフ	

MEMO

ウルトラ体質になり、25km走をまったくロング走に感じない

sub-4.5 Level
week 11

サブ4.5レベル／11週目

ウルトラ目標タイム	12:09
レースペース	7'17"/km

アレンジメニュー	重要度
● **ジョグ**30分	☆
● **10kmビルドアップ**（35'00"➡33'30"）＋●**階段昇降**10分 or ● **10kmビルドアップ**（35'00"➡33'30"）＋●**縄跳び**100回×2セット	☆
● **ジョグ**30分	☆

走行距離	星の数
合計　km	合計　個

9週目の疲労が抜けていなかった先週は水曜にレースペース走を行いましたが、今週は少し強めの刺激で走力低下を防ぐために15kmビルドアップ走に戻します。疲れが溜まっているなら、月曜のジョグを30分に短縮しましょう。土曜に25kmレースペース走。10週間以上練習を消化してウルトラランナー体質になっていますから短く感じるはず。もはや25kmはロングではないのです。土曜のレースペース走は重要なので、アレンジメニューはなし。疲れている場合、金曜のジョグを30分で切り上げて臨みましょう。日曜は完全休養日です。

日にち	基本メニュー	重要度
/ (月)	● **ジョグ** 60分	☆
/ (火)	● **ジョグ** 30分	½☆
/ (水)	● **15kmビルドアップ** 36'00''➡35'00''➡33'30''	☆½☆
/ (木)	オフ	
/ (金)	● **ジョグ** 60分	☆
/ (土)	● **レースペース走** 25km（キロ7'17''）	☆☆☆
/ (日)	オフ	

MEMO

sub- 4.5 Level
week 12

足が重たいと思ったら、アレンジメニューを選択。日曜は走りすぎないこと

サブ4.5レベル／12週目

ウルトラ目標タイム	12:09
レースペース	7'17"/km

	アレンジメニュー	重要度
	● ジョグ 45分	☆
	● レースペース走 10km（キロ7'17"） or ● ジョグ 90分	☆
	● 歩行 45分	☆
	● 歩行 45分	☆

走行距離
合計　km

星の数
合計　個

従来のメニューと比べると、格段に楽な内容になっています。心配性のランナーなら「これで走力が落ちないのか？」と気がかりになりそうですが、ここまで来たらその心配は無用。足が少し重たいと感じたら、躊躇なくあえて多数用意したより軽めのアレンジメニューを選びましょう。日曜は最後のポイント練習として20㎞レースペース走。練習が軽めなのでカラダも軽くなり、もっと走りたくなるかもしれませんが、20㎞以上走りすぎてはダメ。疲労の根が残ってしまい、来週のレース後半のパフォーマンス低下を招く恐れがあります。

日にち	基本メニュー	重要度
/　(月)	● **ジョグ** 60分	☆
/　(火)	オフ	
/　(水)	● **15kmビルドアップ** 36'00'' ➡ 35'00'' ➡ 33'30''	☆☆
/　(木)	● **ジョグ** 60分	☆
/　(金)	● **ジョグ** 60分	☆
/　(土)	オフ	
/　(日)	● **レースペース走** 20㎞（キロ7'17''）	☆☆☆

MEMO

sub- 4.5 Level
week 13
サブ4.5レベル／13週目
ウルトラ目標タイム 12:09
レースペース 7'17"／km

いまさらジタバタせず、疲れを完全に抜いてレース本番を迎える

	レースが土曜日	重要度
	● **ジョグ**60分	☆
	● **レースペース走**15km（キロ7'17"）	☆
	オフ	
	● **ジョグ**60分	☆
	オフ	
	レース	

13週間の総走行距離	13週間の星の数
合計　　km	合計　　個／100個

13週間の練習で集めた星の数が90個なら達成度は90%、100個なら100%ということになります。

レース週を迎えました。水曜のレースペース走以外はジョグのみ。いまさら付け焼刃的にトレーニングしても、急に走力が上がるわけがなく、疲労が蓄積するのがオチです。アレンジメニューはありませんが、レースが土曜に実施されるときは火曜と水曜のメニューを入れ替えて、前日の金曜は完全オフとします。レース前日には、レース攻略法のセミナーや各種アイテムの格安セールなどが行われますが、そこにはなるべく顔を出さずに自宅や宿舎に引きこもり、立ちっぱなし&歩きっぱなしで脚に無意味に疲労を溜めないようにしましょう。

日にち	レースが日曜日	重要度
/ (月)	● ジョグ60分	☆(半)
/ (火)	オフ	
/ (水)	● レースペース走 15km (キロ7'17'')	☆
/ (木)	● ジョグ60分	☆(半)
/ (金)	● ジョグ60分	☆(半)
/ (土)	オフ	
/ (日)	レース	

レース名

月　　日(　　)　　タイム　　:　　'　　''

sub- 4 Level	
week 1	
サブ4レベル／1週目	
ウルトラ目標タイム	10:48
レースペース	6'29"/km

絶好のチャンスをしっかり捉えて、超回復を期待する

アレンジメニュー	重要度
●**トレイルウォーク**120分	☆☆☆

走行距離	星の数
合計 km	合計 個

先週日曜にフルマラソンのレースが終わったばかりですが、これから約90日後のウルトラマラソンに向けてのトレーニングを開始します。通常マラソンが終わった翌週は、休養のためにまったく走らない「全休」のランナーも珍しくないと思います。でも、マラソンの翌週こそは、疲労回復後の「超回復」を活用してもっとも強い脚を作るまたとないチャンス。走りすぎると疲労回復が進まず、故障の恐れもあるので、週2回は完全オフ。唯一のポイント練習は日曜に行う3時間路上、またはアレンジメニューの2時間トレイルウォークです。

日にち	基本メニュー	重要度
/ (月)	オフ	
/ (火)	● **ジョグ** 30分	☆
/ (水)	● **ジョグ** 30分	☆
/ (木)	オフ	
/ (金)	● **ジョグ** 60分	☆
/ (土)	● **ジョグ** 30分	☆
/ (日)	● **路上** 3時間	☆☆☆

MEMO

練習メニューの使い方：空いているスペースに、その日自分が行った練習を書き込もう。岩本式メニューを達成できたら、重要度欄にある☆を塗りつぶし、星の数をカウント。

sub-4 Level

week 2

サブ4レベル／2週目

ウルトラ目標タイム	10:48
レースペース	6'29''/km

フルよりも50秒近く遅いペースで25km走る。無補給ランは行わない

	アレンジメニュー	重要度
	●**レースペース走**10km（キロ6'29''） ＋ ●**階段昇降**10分 or ●**レースペース走**10km（キロ6'29''） ＋ ●**縄跳び**100回×2セット	☆½
	●**トレラン**20km ＋ ●**舗装路の下り**500m	☆☆½

走行距離	星の数
合計　km	合計　個

フルの疲労が抜け切れない２週目は脚に負担がかかるスピード走を避け、レースペース走のみに絞ります。疲れているなら水曜のレースペース走を10㎞に減らし、階段昇降か縄跳びをプラス。土曜には早くも（←フルのイメージだと“早くも”ですが、ウルトラだと妥当）25㎞走。フルのレースペースより50秒近く遅いキロ６分29秒ですから、難なくやり遂げられます。今後も、20㎞以上は糖質とたんぱく質を前後に補給して行うこと。無補給ランは危険行為です。アレンジメニューを選ぶなら、トレイルは歩くのではなく走ってください。

日にち	基本メニュー	重要度
/　(月)	オフ	
/　(火)	● **ジョグ** 30分	☆
/　(水)	● **レースペース走** 15㎞（キロ6'29''）	☆☆
/　(木)	オフ	
/　(金)	● **ジョグ** 60分	☆
/　(土)	● **レースペース走** 25㎞（キロ6'29''）	☆☆☆
/　(日)	オフ	

MEMO

1ロング+1スピードのポイント練習を開始。アレンジも適宜活用する

sub-4 Level
week 3

サブ4レベル／3週目

ウルトラ目標タイム	10:48
レースペース	6'29"/km

	アレンジメニュー	重要度
	●**トレッドミル**10km（31'00"➡29'30"）＋ ●**ステップマシン**10分（心拍毎分155拍まで追い込む）	☆☆
	●**トレイルウォーク**120分	☆☆☆

走行距離	星の数
合計　km	合計　個

今週から、水曜の１スピード＋土曜の１ロングというポイント練習の２本柱が揃います。１スピードは５kmごとにペースを上げるビルドアップ走。始めの5kmは32分（←ほぼウルトラのレースペース）、次の５kmは１分上げて31分、最後は１分30秒上げで29分30秒。雨などで外を走るのが難しいときには、ジムや公共スポーツ施設のトレッドミルとステップマシンを活用してください。土曜の３時間路上はなるべく走りましょう(←上限はレースペース)。アレンジメニューは２時間のトレイルウォークです。気分が乗ったらぜひ走ってください。

sub-4 Level

日にち	基本メニュー	重要度	
/ ㈪	● **ジョグ**60分	☆	
/ ㈫	● **ジョグ**30分	☆	
/ ㈬	● **15kmビルドアップ** 32'00''➡31'00''➡29'30''	☆☆	
/ ㈭	オフ		
/ ㈮	● **ジョグ**60分	☆	
/ ㈯	● **路上**3時間	☆☆☆	
/ ㈰	オフ		

MEMO

sub-4 Level

week 4

サブ4レベル／4週目

ウルトラ目標タイム	10:48
レースペース	6'29''/km

体重が大幅に減らないように、食事をコントロール

	アレンジメニュー	重要度
	●トレッドミル10km（31'00''➡29'30''）＋ ●ステップマシン10分（心拍毎分155拍まで追い込む）	☆☆
	●トレラン25km ＋ ●舗装路の下り500m	☆☆☆

走行距離

合計 km

星の数

合計 個

フルマラソンに備えたトレーニング時よりも長い距離を走る練習を続けていると、「食べても、食べてもお腹が空く」という状況に陥ることがあります。体脂肪率が減るだけならノープロブレムですが、体重が大きく落ちているなら、問題アリ。筋肉が減っている恐れがあるのです。それでは強い脚はできませんから、62ページを参照して食生活の中身を見直して、たんぱく質やミネラルの摂取を増やしてください。土曜のロング走は30kmレースペース走です。翌日は完全オフで休養しましょう。トレランを選んだら舗装路の下りで締めます。

日にち	基本メニュー	重要度	
/ (月)	● **ジョグ**60分	☆	
/ (火)	● **ジョグ**30分	⯪	
/ (水)	● **15kmビルドアップ** 32'00''➡31'00''➡29'30''	☆☆	
/ (木)	オフ		
/ (金)	● **ジョグ**60分	☆	
/ (土)	● **レースペース走**30km（キロ6'29''）	☆☆☆⯪	
/ (日)	オフ		

MEMO

sub-4 Level
week 5

サブ4レベル／5週目

ウルトラ目標タイム	10:48
レースペース	6'29"／km

第1回目の峠走を挙行。3時間路上にアレンジするなら走り続けて

アレンジメニュー	重要度
● **トレッドミル** 10km（31'00"➡29'30"） ＋ ● **ステップマシン** 10分（心拍毎分155拍まで追い込む）	☆☆
● **路上** 3時間	☆☆☆

走行距離	星の数
合計 km	合計 個

ウルトラ攻略を目指した13週間メニューには、名物の峠走が合計3回登場します。その初回をこの週の土曜に実施します。距離は25km。フルマラソンの練習メニューの一環として25kmの峠走にチャレンジした経験があるランナーなら、恐らくそのときより楽に感じるはず。それだけウルトラに求められる強い脚に近づけているのです。4週間の疲労が溜まり、峠に行く気力が起こらないときは3時間路上にアレンジ。余力がある限り、歩かないで走り続けましょう。翌日曜は完全オフで走らず歩かずで疲労を抜き、来週に備えてください。

日にち	基本メニュー	重要度	
/ (月)	● **ジョグ**60分	☆	
/ (火)	● **ジョグ**30分	½☆	
/ (水)	● **15kmビルドアップ** 32'00"➡31'00"➡29'30"	☆☆	
/ (木)	オフ		
/ (金)	● **ジョグ**75分	☆	
/ (土)	● **峠走**25km	☆☆☆☆½☆	
/ (日)	オフ		

MEMO

sub-4 Level
week 6

サブ4レベル／6週目

ウルトラ目標タイム	10:48
レースペース	6'29''/km

メディカルチェックでカラダの状況を調べ、適切にメンテナンス

	アレンジメニュー	重要度
	● **10kmビルドアップ**（31'00''➡29'30''）＋ ● **階段昇降** 10分 **or** ● **10kmビルドアップ**（31'00''➡29'30''）＋ ● **縄跳び** 100回×2セット	☆
	● **レースペース走** 30km（キロ6'29''）	☆☆☆☆

走行距離	星の数
合計 km	合計 個

金曜のジョグと土曜のレースペース走で50km以上走ります。フルからウルトラへの移行で最大の悩みは距離への不安ですが、この頃になるとそんな心配を感じなくなるでしょう。メディカルチェックで内科を受診し、医師に相談して適切に対処してください。血液検査の結果が悪かった場合には、土曜のレースペース走は10km短縮。水曜のビルドアップ走が辛いなら、10kmに短縮し、階段昇降か縄跳びをプラスします（←7週目以降も同様に）。今後はアレンジにトレッドミルは選ばず、悪天候でもレースを想定して屋外を走ります。

日にち	基本メニュー	重要度	
/ (月)	● **メディカルチェック** ＋ ● **ジョグ** 75分	☆	
/ (火)	● **ジョグ** 45分	½	
/ (水)	● **15kmビルドアップ** 32'00'' ➡ 31'00'' ➡ 29'30''	☆½	
/ (木)	オフ		
/ (金)	● **ジョグ** 90分	☆	
/ (土)	● **レースペース走** 40km（キロ6'29''）	☆☆☆☆½	
/ (日)	オフ		

MEMO

sub- 4 Level
week 7

サブ4レベル／7週目

ウルトラ目標タイム	10:48
レースペース	6'29''/km

2度目の峠走に挑む。オフは1日のみでも、ジョグが多くてややラク

	アレンジメニュー	重要度
	● **10kmビルドアップ**（31'00''➡29'30''） **+** ● **階段昇降** 10分 **or** ● **10kmビルドアップ**（31'00''➡29'30''） **+** ● **縄跳び** 100回×2セット	☆
	● **レースペース走** 35km（キロ6'29''）	☆☆☆☆

走行距離	星の数
合計 km	合計 個

7週目は少しホッとできる内容です(←オフは1日ですが、ジョグが多い)。少々ハードな練習で強い刺激を入れたあとに疲労を抜いて、心身の超回復を図るためには、メリハリが大切です。さらに翌8週目がハードなので、疲れを溜めたくないのです。土曜には2度目の峠走30㎞。アレンジメニューはサブ4.5なら3時間路上ですが、サブ4では+5㎞で35㎞レースペース走。ここから先は走力が上がり、水曜のビルドアップ走の設定ペースがラクに感じるはずです。疲れが溜まらずロング走がこなせるなら、少しペースアップしましょう。

日にち	基本メニュー	重要度
/ (月)	● **ジョグ**75分	☆
/ (火)	● **ジョグ**60分	½☆
/ (水)	● **15㎞ビルドアップ** 32'00"➡31'00"➡29'30"	☆☆½
/ (木)	オフ	
/ (金)	● **ジョグ**75分	☆
/ (土)	● **峠走**30㎞	☆☆☆☆½
/ (日)	● **ジョグ**30分	½☆

MEMO

sub-4 Level

week 8

サブ4レベル／8週目

ウルトラ目標タイム	10:48
レースペース	6'29"／km

特別な2週間の始まり。金・土・日の3日間で65kmほどを走破する

	アレンジメニュー	重要度
	● **10kmビルドアップ**（31'00"➡29'30"） **＋** ● **階段昇降** 10分 or ● **10kmビルドアップ**（31'00"➡29'30"） **＋** ● **縄跳び** 100回×2セット	☆
	● **レースペース走** 40km（キロ6'29"）	☆☆☆☆☆

走行距離	星の数
合計　　　km	合計　　　個

ウルトラに挑む13週間プログラムのピークは8週目と9週目の2ウィークス。もっとも辛い練習を行います。土曜のレースペース走は50㎞まで延長します。根雪のような疲れが抜け切れないときは最大10㎞減らしてもOKですが、先々のレースで苦しまないためにも、なるべくなら50㎞走り切ってください。金曜の60分ジョグ、日曜の30分ジョグをトータルすると、合わせ技で65㎞ほどの距離が踏めています。長い距離を踏み、練習がハードになればなるほど、その分食事量もしっかり増やして体力の消耗を防ぐように心がけてください。

日にち	基本メニュー	重要度
/ (月)	オフ	
/ (火)	● **ジョグ**60分	☆
/ (水)	● **15㎞ビルドアップ** 32'00''➡31'00''➡29'30''	☆½
/ (木)	オフ	
/ (金)	● **ジョグ**60分	½
/ (土)	● **レースペース走**50㎞(キロ6'29'')	☆☆☆☆☆☆
/ (日)	● **ジョグ**30分	½

MEMO

sub- 4 Level
week 9

サブ4レベル／9週目

ウルトラ目標タイム	10:48
レースペース	6'29"/km

疲れをほぼ完全にリセットしてから、ソツケンにチャレンジ

	アレンジメニュー	重要度
	●ジョグ15km	☆

走行距離	星の数
合計 km	合計 個

9週目は今回の13週間プログラムでいちばん重要。9週間のトレーニング成果を検証するソツケンを土曜に行います。60kmレースペース走が成し遂げられたら、高い確率でF 2.7の目標タイム達成につながります。ソツケンにアレンジはありません。日曜はオフではなく3時間ジョグ。セット練で90km近くを走り、100kmという距離に対する不安を払拭してください。8週目の疲れがまだ抜けていないときは、水曜のビルドアップ走は15kmジョグに変更してOK。疲労をリセットし、100%に近いコンディションでソツケンに臨んでください。

日にち	基本メニュー	重要度
/ (月)	オフ	
/ (火)	● **ジョグ** 60分	⯪
/ (水)	● **15kmビルドアップ** 32'00''➡31'00''➡29'30''	☆⯪
/ (木)	オフ	
/ (金)	● **ジョグ** 60分	⯪
/ (土)	ソツケン ● **レースペース走** 60km（キロ6'29''）	☆☆☆☆ ☆☆☆
/ (日)	セット練 ● **ジョグ** 180分	☆☆☆

MEMO

sub-4 Level

week 10

テーパーリング開始。できればアレンジせず、最後の峠走をクリアする

サブ4レベル／10週目

ウルトラ目標タイム	10:48
レースペース	6'29"／km

	アレンジメニュー	重要度
	●レースペース走10km（キロ6'29"） or ●ジョグ90分	☆
	●ジョグ30分	☆
	●トレラン25km ＋ ●舗装路の下り500m	☆☆☆☆

走行距離	星の数
合計 km	合計 個

10週目からの後半戦は、1ロング＋1スピードという基本構成を変更し、練習量（走行距離とスピード）をセーブするテーパーリングで疲労回復を図り、レース本番に向けた超回復を狙います。この週の水曜は脚に響くビルドアップを避けて15kmのレースペース走。疲れが溜まっているなら、10kmに短縮するか、90分ジョグにスイッチしましょう。土曜には最後の峠走を敢行してウルトラに打ち勝つ強い脚作りを行います。疲れが溜まって峠に行く気力が起こらないなら、金曜のジョグを30分に短縮。気力が回復して峠に足が向くかもしれません。

日にち	基本メニュー	重要度
/　(月)	オフ	
/　(火)	● **ジョグ** 30分	☆（半）
/　(水)	● **レースペース走** 15km（キロ6'29"）	☆☆（半）
/　(木)	オフ	
/　(金)	● **ジョグ** 60分	☆
/　(土)	● **峠走** 25km	☆☆☆☆（半）
/　(日)	オフ	

MEMO

sub-4 Level
week 11

サブ4レベル／11週目

ウルトラ目標タイム	10:48
レースペース	6'29"/km

再びビルドアップ走とレースペース走で、走力の落ち込みを避ける

アレンジメニュー	重要度
●ジョグ30分	☆
●10kmビルドアップ（31'00"➡29'30"）＋●階段昇降10分 or ●10kmビルドアップ（31'00"➡29'30"）＋●縄跳び100回×2セット	☆
●ジョグ30分	☆

走行距離	星の数
合計 km	合計 個

11週目は水曜にビルドアップ走を行います。9週目の疲労が抜けていなかった先週はレースペース走でしたが、ここはやや強めの刺激を入れて走力の低下を防ぐのが狙いです。疲れているなら、月曜のジョグを30分に短縮しましょう。土曜は25kmレースペース走。ハードなトレーニングを10週間消化してきたランナーにとって、25kmはいまやロング走とは呼べないでしょう。このレースペース走は大事なので、アレンジメニューはナシ。疲れが残って走り切る自信がないなら、金曜のジョグを30分で切り上げ、体力を温存して臨んでください。

日にち	基本メニュー	重要度	
/ (月)	● **ジョグ**60分	☆	
/ (火)	● **ジョグ**30分	⯨	
/ (水)	● **15kmビルドアップ** 32'00''➡31'00''➡29'30''	☆⯨	
/ (木)	オフ		
/ (金)	● **ジョグ**60分	☆	
/ (土)	● **レースペース走**25km（キロ6'29''）	☆☆☆	
/ (日)	オフ		

MEMO

sub-4 Level
week 12
サブ4レベル／12週目

ウルトラ目標タイム	10:48
レースペース	6'29"/km

疲労が抜けて走力がアップするが、調子に乗ってはダメ

	アレンジメニュー	重要度
	●ジョグ60分	☆
	●レースペース走10km（キロ6'29"） or ●ジョグ90分	☆
	●歩行45分	☆
	●歩行45分	☆

走行距離	星の数
合計 km	合計 個

ざっと見ればわかるように、これまでと比べると格段に楽なトレーニング内容です。楽すぎて走力の低下を招かないか気がかりになりそうですが、むしろ疲労が抜けて走力は穏やかに上がります。足が少し重たいと感じたら、迷わずあえてたくさん用意したより軽めのアレンジメニューで疲労回復に努めましょう。日曜は最後のポイント練習となる20kmレースペース走。疲れが抜けてカラダも軽くなり、もう少し走りたくなると思いますが、走りすぎるのは禁物。疲労が残り、来週のレース後半に響いて失敗レースとなる恐れがあるのです。

日にち	基本メニュー	重要度	
/ (月)	●**ジョグ**75分	☆	
/ (火)	オフ		
/ (水)	●**15kmビルドアップ** 32'00''➡31'00''➡29'30''	☆½	
/ (木)	●**ジョグ**60分	☆	
/ (金)	●**ジョグ**60分	☆	
/ (土)	オフ		
/ (日)	●**レースペース走**20km(キロ6'29'')	☆☆½	

MEMO

sub-4 Level
week 13

サブ4レベル／13週目

ウルトラ目標タイム	10:48
レースペース	6'29"／km

リフレッシュした強い脚で胸を張ってスタートラインに立つ

	レースが土曜日	重要度
	● ジョグ60分	☆
	● レースペース走 15km（キロ6'29"）	☆
	オフ	
	● ジョグ60分	☆
	オフ	
	レース	

13週間の総走行距離	13週間の星の数
合計　km	合計　個／100個

13週間の練習で集めた星の数が90個なら達成度は90%、100個なら100%ということになります。

待ち望んだレース週です。水曜のレースペース走以外はジョグのみ。受験前の一夜漬けのように、この段階で焦って練習しても無益。逆に疲労が溜まってパフォーマンスが落ちるのが関の山です。アレンジメニューはありませんが、レースが土曜にあるときは火曜と水曜のメニューを入れ替えて、前日の金曜は完全オフとします。レース前日は、レース攻略法のセミナーや各種アイテムの格安セールなどが行われますが、そこは素通りして自宅や宿舎に引きこもり、立ちっぱなし&歩きっぱなしを避けて脚をリフレッシュしてください。

日にち	レースが日曜日	重要度
/ (月)	● ジョグ60分	☆
/ (火)	オフ	
/ (水)	● レースペース走15km(キロ6'29'')	☆
/ (木)	● ジョグ60分	☆
/ (金)	● ジョグ60分	☆
/ (土)	オフ	
/ (日)	レース	

レース名
月　日(　)　タイム　:　'　''

sub- 3.5 Level
week 1

サブ3.5レベル／1週目

ウルトラ目標タイム	9:27
レースペース	5'40"/km

サブ10達成を目論み、ガチなトレーニングをスタートさせる

アレンジメニュー	重要度
●**トレイルウォーク**120分	☆☆☆

走行距離	星の数
合計　km	合計　個

これからサブ10でウルトラを快走するためのトレーニングが始動します。フルマラソンのレース翌日はさすがにお休みしますが、火曜から早速鼻呼吸ペースでのジョグを開始。疲労物質を押し流して、疲労からの回復を加速させていきます。この週のオフは月曜と木曜の2回のみで、ジョグの時間を1日ごとに伸ばします。2週目以降はポイント練習が1ロング、1スピードと週2回は入るようになりますが、1週目のポイント練習は1ロングのみ。日曜に3時間路上、またはアレンジメニューの2時間トレイルウォークを行ってください。

日にち	基本メニュー	重要度	
/ (月)	オフ		
/ (火)	● **ジョグ**30分	☆	
/ (水)	● **ジョグ**45分	☆	
/ (木)	オフ		
/ (金)	● **ジョグ**60分	☆	
/ (土)	● **ジョグ**60分	☆	
/ (日)	● **3時間路上**	☆☆☆	

MEMO

練習メニューの使い方：空いているスペースに、その日自分が行った練習を書き込もう。岩本式メニューを達成できたら、重要度欄にある☆を塗りつぶし、星の数をカウント。

sub-3.5 Level

week 2

サブ3.5レベル／2週目

ウルトラ目標タイム	9:27
レースペース	5'40''/km

2週目にして30km走。ただし無補給では決してやらないこと

	アレンジメニュー	重要度
	●**レースペース走**10km（キロ5'40''）＋●**階段昇降**10分 or ●**レースペース走**10km（キロ5'40''）＋●**縄跳び**100回×2セット	☆☆
	●**トレラン**25km ＋ ●**舗装路の下り**500m	☆☆☆

走行距離	星の数
合計　km	合計　個

1週目の疲れはどのくらい残っているでしょうか。月曜のオフ、火曜の鼻呼吸ペースのジョグで疲労回復へ導き、水曜の15kmレースペース走（←疲れているなら10kmに減らし、階段昇降か縄跳びをプラス）、土曜の30kmレースペース走へとつなげてください。フルマラソンのレース後2週目に30kmも走るのはウルトラマラソンの練習ならでは。今後も、20km以上のロング走は糖質とたんぱく質を前後に補給して行いましょう。無補給ランは筋肉を削る恐れがあるので禁止です。30kmはしんどいと思ったら、25kmのトレランにアレンジ。

日にち	基本メニュー	重要度
/ (月)	オフ	
/ (火)	●**ジョグ**30分	☆
/ (水)	●**レースペース走**15km（キロ5'40''）	☆☆
/ (木)	オフ	
/ (金)	●**ジョグ**60分	☆
/ (土)	●**レースペース走**30km（キロ5'40''）	☆☆☆
/ (日)	●**ジョグ**60分	☆

MEMO

sub-3.5 Level

sub- 3.5 Level
week 3
サブ3.5レベル／3週目
ウルトラ目標タイム 9:27
レースペース 5'40"/km

初のビルドアップ走。アレンジメニューに逃げずにチャレンジ

	アレンジメニュー	重要度
	●トレッドミル10km(27'00"➡25'30") ＋ ●ステップマシン10分(心拍毎分155拍まで追い込む)	☆½
	●トレイルウォーク120分	☆☆½

走行距離 合計 km	星の数 合計 個

新たに水曜のスピード走が加わり、1ロング＋1スピードという定番メニューになります。1スピードは5㎞ごとにペースを上げるビルドアップ走。始めの5㎞は28分（←ほぼウルトラのレースペース）、次の5㎞は1分上げて27分、最後は1分30秒上げで25分30秒。悪天候ならトレッドミル＋ステップマシンで代用してもいいですが、初回はなるたけアレンジに逃げないようにしてください。土曜の1ロングは3時間路上ですが、レースペースを上限に可能な限り走りましょう。気分を変えたいならトレイルへ。原則歩きますが、走っても大丈夫。

日にち	基本メニュー	重要度
/　(月)	オフ	
/　(火)	● **ジョグ**60分	☆
/　(水)	● **15㎞ビルドアップ** 28'00"➡27'00"➡25'30"	☆☆
/　(木)	オフ	
/　(金)	● **ジョグ**75分	☆
/　(土)	● **路上**3時間	☆☆☆
/　(日)	● **ジョグ**30分	☆

MEMO

sub- 3.5 Level

week 4

サブ3.5レベル／4週目

ウルトラ目標タイム	9:27
レースペース	5'40"/km

定められたレールに乗って練習を消化。ウルトラな脚を作る

	アレンジメニュー	重要度
	●トレッドミル10km（27'00"➡25'30"）＋ ●ステップマシン10分（心拍毎分155拍まで追い込む）	☆☆
	●トレラン30km　＋　●舗装路の下り500m	☆☆☆

走行距離	星の数
合計　km	合計　個

「レースは（練習の）トレース」というのが僕の口癖ですが、ほぼ毎日走るのが習慣になってしまえば「練習もトレース」。定められたレールにうまく乗っかり、今後も順調にトレーニングを消化してください。土曜のレースペース走は35km。金曜の75分ジョグ、日曜の30分ジョグをトータルすると、3日間でフルマラソンの距離を軽く超える練習が果たせています。それがウルトラな脚を作るのです。土曜のレースペース走をトレランにアレンジする場合には、5kmマイナスして30km。ラン反射のオンにする舗装路の下りをお忘れなく。

日にち	基本メニュー	重要度
/ (月)	オフ	
/ (火)	● **ジョグ** 75分	☆
/ (水)	● **15kmビルドアップ** 28'00'' ➡ 27'00'' ➡ 25'30''	☆☆
/ (木)	オフ	
/ (金)	● **ジョグ** 75分	☆
/ (土)	● **レースペース走** 35km（キロ5'40''）	☆☆☆☆
/ (日)	● **ジョグ** 30分	☆

MEMO

sub- 3.5 Level
week 5
サブ3.5レベル／5週目
ウルトラ目標タイム 9:27
レースペース 5'40"／km

第1回目の峠走。本番の予行演習のノリで上りも下りも快走する

	アレンジメニュー	重要度
	●**トレッドミル**10km（27'00"➡25'30"）＋ ●**ステップマシン**10分（心拍毎分155拍まで追い込む）	☆☆
	●**レースペース走**35km（キロ5'40"）	☆☆☆

走行距離	星の数
合計 km	合計 個

この週のポイントは何と言っても峠走。各レベルとも13週間で計3回の峠走を実施しますが、その初回が土曜に登場するのです。距離は35km。長いと思うかもしれませんが、ウルトラでフラットなのはサロマ湖と柴又100Kくらい。あとはたとえ峠はなくてもアップダウンが激しいのが当然ですから、「レースのシミュレーションができてラッキー」という気持ちで取り組んでください。累積疲労で峠まで行く気力がないときは35kmのレースペース走を実施します（←ただし平地を35km走るより、峠を35km走った方が精神的にずっと楽ですよ）。

日にち	基本メニュー	重要度	
/ (月)	オフ		
/ (火)	●ジョグ75分	☆	
/ (水)	● 15kmビルドアップ 28'00''➡27'00''➡25'30''	☆☆	
/ (木)	オフ		
/ (金)	●ジョグ90分	☆	
/ (土)	●峠走35km	☆☆☆☆☆	
/ (日)	●ジョグ30分	☆	

MEMO

sub- 3.5 Level
week 6

サブ3.5レベル／6週目

ウルトラ目標タイム	9:27
レースペース	5'40''/km

メディカルチェックで体調をコントロール。フルの自己新が出るかも

アレンジメニュー	重要度
● **10kmビルドアップ**（27'00''➡25'30''） ＋ ● **階段昇降** 10分 or ● **10kmビルドアップ**（27'00''➡25'30''） ＋ ● **縄跳び** 100回×2セット	☆
● **レースペース走** 35km（キロ5'40''）	☆☆☆☆

走行距離	星の数
合計 km	合計 個

レースペース走は週を追うごとに延長。今週は45kmとフル超えですが、練習がきちんとできていれば42.195km地点で自己ベストが出るかもしれません。メディカルチェックで内科を受診。医師に相談して適切に対処します。血液検査の結果が悪かった場合、土曜のレースペース走はアレンジメニューで10km減らします。水曜のビルドアップ走が辛いなら、10kmに短縮して、階段昇降か縄跳びをプラスします（←7週目以降も同様に）。ここからのアレンジメニューではトレッドミルに逃げず、悪天候でもレースを想定して屋外を走ります。

日にち	基本メニュー	重要度	
/ (月)	● **メディカルチェック**		
/ (火)	● **ジョグ** 75分	☆	
/ (水)	● **15kmビルドアップ** 28'00'' ➡ 27'00'' ➡ 25'30''	☆½	
/ (木)	オフ		
/ (金)	● **ジョグ** 90分	☆	
/ (土)	● **レースペース走** 45km（キロ5'40''）	☆☆☆☆½	
/ (日)	● **ジョグ** 45分	½	

MEMO

sub-3.5 Level
week 7

8週目に備えて練習を控えめにセーブする。重い脚が強い脚を作る

サブ3.5レベル／7週目

ウルトラ目標タイム	9:27
レースペース	5'40''／km

	アレンジメニュー	重要度
	● **10kmビルドアップ**（27'00''➡25'30''） ＋ ● **階段昇降**10分 or ● **10kmビルドアップ**（27'00''➡25'30''） ＋ ● **縄跳び**100回×2セット	☆
	● **レースペース走**40km（キロ5'40''）	☆☆☆☆

走行距離	星の数
合計　　km	合計　　個

土曜のロング走は峠走35km。5週目と同じ距離です。アレンジメニューのレースペース走は40km。先週の基本メニューは45kmでしたから、全体的に練習内容が抑えめ。理由は2つ。第一に心身の超回復を図るためには、いったん強度を落として成長を促すメリハリが肝心だから。第二に翌8週目の練習内容がなかなかハードなので、その前に疲れを溜めたくないのです。ロング走の後、脚の重さを感じながらも日曜のジョグが何とかこなせたとしたら、ウルトラな脚に近づけている証拠。その重さが消えたら、強い脚に生まれ変わります。

日にち	基本メニュー	重要度
/ (月)	オフ	
/ (火)	● ジョグ75分	☆
/ (水)	● 15kmビルドアップ 28'00''➡27'00''➡25'30''	☆☆(半)
/ (木)	オフ	
/ (金)	● ジョグ90分	☆
/ (土)	● 峠走35km	☆☆☆☆(半)
/ (日)	● ジョグ45分	(半)

MEMO

sub- 3.5 Level	
week 8	
サブ3.5レベル／8週目	
ウルトラ目標タイム	9:27
レースペース	5'40"/km

金・土・日の3日間で、トータル70km以上を走破してソツケンへ

	アレンジメニュー	重要度
	● **10kmビルドアップ**（27'00"➡25'30"） ＋ ● **階段昇降** 10分 or ● **10kmビルドアップ**（27'00"➡25'30"） ＋ ● **縄跳び** 100回×2セット	☆
	● **レースペース走** 45km（キロ5'40"）	☆☆☆☆☆

走行距離	星の数
合計　　　km	合計　　　個

今度の13週間プログラムでいちばんハードなのが、これからの2週間です。金曜のジョグは無意味な疲れを溜めないために60分と控えめにして、土曜のレースペース走を55kmまで延長します。レース本番の半分以上の距離が走り切れたら大きな自信になります。疲れが残っているときは最大10km短縮してもよいですが、レース本番で苦しまないためにも、頑張って最後まで走り切りましょう。金・土・日を累算するとトータル70km以上走っています。長い距離を踏むほど、それだけ食事量を増やして体力が落ちないようにしてください。

日にち	基本メニュー	重要度	
/ (月)	オフ		
/ (火)	● **ジョグ** 75分	☆	
/ (水)	● **15kmビルドアップ** 28'00''➡27'00''➡25'30''	☆⯪	
/ (木)	オフ		
/ (金)	● **ジョグ** 60分	⯪	
/ (土)	● **レースペース走** 55km（キロ5'40''）	☆☆☆☆ ☆☆	
/ (日)	● **ジョグ** 45分	⯪	

MEMO

体調を整えて
ソツケンを乗り越え、
セット練で100km走破

sub-3.5 Level
week 9

サブ3.5レベル／9週目

ウルトラ目標タイム	9:27
レースペース	5'40"/km

アレンジメニュー	重要度
●ジョグ15km	☆

走行距離	星の数
合計　km	合計　個

9週目はソツケンを挙行する最重要ウィーク。土曜に60kmレースペース走を行います。土曜のメニューにはアレンジメニューを用意してきましたが、ソツケンはソツケン。アレンジメニューに逃げず、真正面からチャレンジしてください。完遂できたら、F2.7の目標タイムをクリアする確率は高いでしょう。日曜は4時間ジョグを行い（←辛くなったら少し歩いてもOK）、セット練で100km走り切ります。疲れが抜けないなら、水曜のビルドアップ走は15kmジョグに変更。無駄に疲れを溜めず、100%の体調でソツケンに挑んでください。

日にち	基本メニュー	重要度
/ (月)	オフ	
/ (火)	●**ジョグ**75分	☆̸
/ (水)	●**15kmビルドアップ** 28'00''➡27'00''➡25'30''	☆☆̸
/ (木)	オフ	
/ (金)	●**ジョグ**60分	☆̸
/ (土)	ソツケン ●**レースペース走**60km（キロ5'40''）	☆☆☆☆ ☆☆☆
/ (日)	セット練 ●**ジョグ**240分	☆☆☆

MEMO

sub-3.5 Level

sub- 3.5 Level
week 10
サブ3.5レベル／10週目

ウルトラ目標タイム	9:27
レースペース	5'40"/km

テーパーリングで疲労を抜いて走力アップ。最後の峠走もやり遂げる

	アレンジメニュー	重要度
	●レースペース走10km（キロ5'40"） or ●ジョグ90分	☆
	●ジョグ30分	½☆
	●トレラン30km ＋ ●舗装路の下り500m	☆☆☆½☆

走行距離	星の数
合計　km	合計　個

10週目からは従来の1ロング＋1スピードという鉄板メニューについに別れを告げて、練習量（走行距離とスピード）を減らして疲労回復を図り、レース本番に向けた超回復を狙います。水曜は脚に響くビルドアップに変わり、15kmのレースペース走。疲れているときは10kmで終えるか、90分ジョグにスイッチします。土曜は最後の峠走。アレンジメニューとしてトレランも用意していますが、疲労蓄積を自覚しているなら金曜のジョグを30分に短縮してでも峠走を行いましょう。日曜もセット練ではなく休み、疲労回復を最優先します。

日にち	基本メニュー	重要度
/ (月)	オフ	
/ (火)	● **ジョグ** 30分	⯨
/ (水)	● **レースペース走** 15km（キロ5'40''）	☆⯨
/ (木)	オフ	
/ (金)	● **ジョグ** 60分	☆
/ (土)	● **峠走** 30km	☆☆☆☆⯨
/ (日)	オフ	

MEMO

sub- 3.5 Level

week 11

土曜のレースペース走にアレンジメニューはナシ。疲れたら前日ジョグを減

サブ3.5レベル／11週目

ウルトラ目標タイム	9:27
レースペース	5'40"/km

アレンジメニュー	重要度
● **ジョグ** 30分	☆
● **10kmビルドアップ**（27'00"➡25'30"）＋ ● **階段昇降** 10分 **or** ● **10kmビルドアップ**（27'00"➡25'30"）＋ ● **縄跳び** 100回×2セット	☆
● **ジョグ** 30分	☆

走行距離	星の数
合計　　km	合計　　個

残すところあと３週間です。９週目の疲労が残っていた先週は水曜にレースペース走を行いましたが、今週は軽く刺激を入れて走力低下を防ぐために再び15kmビルドアップ走を行います。疲れているなら、月曜のジョグを30分に短縮して走ってください。土曜は30kmレースペース走。フルからウルトラへと体質が切り変わったランナーにとって30kmはロングではありません。このレースペース走は重要なので、アレンジメニューはなし。疲れがまだ残っているなら、金曜のジョグを30分で切り上げて臨みましょう。日曜は完全休養日。

日にち	基本メニュー	重要度
/ (月)	● **ジョグ** 60分	☆
/ (火)	● **ジョグ** 45分	½☆
/ (水)	● **15kmビルドアップ** 28'00'' ➡ 27'00'' ➡ 25'30''	☆½☆
/ (木)	オフ	
/ (金)	● **ジョグ** 60分	☆
/ (土)	● **レースペース走** 30km（キロ5'40''）	☆☆☆½☆
/ (日)	オフ	

MEMO

sub-3.5 Level

week 12

サブ3.5レベル／12週目

ウルトラ目標タイム	9:27
レースペース	5'40"/km

たとえカラダが軽くても、走りすぎて疲れを溜めないように自重する

	アレンジメニュー	重要度
	● ジョグ75分	☆
	● レースペース走10km（キロ5'40"）　or　● ジョグ90分	☆
	● 歩行45分	☆
	● 歩行45分	☆

走行距離	星の数
合計　km	合計　個

本番までに疲労を完全に抜いておきたいので、これまでのメニューと比べるとかなり楽な内容になっています。走力が落ちないか不安になりそうですが、反対に疲労が抜けて走力は緩やかに上昇します。脚がちょっとでも重たいと感じたら、あえてたくさん用意したより軽めのアレンジメニューを選んで疲労回復を優先させます。日曜は最後のポイント練習である20kmレースペース走。全レベルで設定距離は同じです。カラダも軽いと20km以上走りたくなりますが、それ以上走りすぎると疲労が残り、失敗レースとなる恐れがあります。

日にち	基本メニュー	重要度	
/ (月)	● **ジョグ**90分	☆	
/ (火)	オフ		
/ (水)	● **15kmビルドアップ** 28'00''➡27'00''➡25'30''	☆☆	
/ (木)	● **ジョグ**60分	☆	
/ (金)	● **ジョグ**60分	☆	
/ (土)	オフ		
/ (日)	● **レースペース走**20km（キロ5'40''）	☆☆☆	

MEMO

sub-3.5 Level
week 13
サブ3.5レベル／13週目
ウルトラ目標タイム 9:27
レースペース 5'40''/km

前日は無駄な動きを一切封印して、平常心で本番へGO!

レースが土曜日	重要度
●ジョグ60分	☆
●レースペース走15km（キロ5'40''）	☆
オフ	
●ジョグ60分	☆
オフ	
レース	

13週間の総走行距離	13週間の星の数
合計　km	合計　個／100個

13週間の練習で集めた星の数が90個なら達成度は90%、100個なら100%ということになります。

晴れてレース週に到達しました。この週のプログラムは全レベルで内容はまったく同じ。水曜のレースペース走以外はジョグのみです。ここでジタバタしてもダメ。12週間で伸びなかった走力がいまさら上乗せできるわけがなく、むしろ疲労が溜まって逆効果に終わるだけなのです。アレンジメニューはありませんが、土曜にレースがある場合は火曜と水曜のメニューを入れ替えて、前日の金曜は完全オフとします。レース前日は無益な動きを一切しないで、立ちっぱなし＆歩きっぱなしで脚に疲労を溜めるような愚を犯さないようにします。

日にち	レースが日曜日	重要度
/　(月)	● **ジョグ** 60分	☆
/　(火)	オフ	
/　(水)	● **レースペース走** 15km（キロ5'40''）	☆
/　(木)	● **ジョグ** 60分	☆
/　(金)	● **ジョグ** 60分	☆
/　(土)	オフ	
/　(日)	**レース**	

レース名

月　　日（　　）　タイム　　：　　'　　''

sub- 3 Level

week 1

サブ3 レベル／1 週目

ウルトラ目標タイム	8:06
レースペース	4'52"/km

8時間ほどで100kmを走り切るために、早くもレースペース走

	アレンジメニュー	重要度
	●トレイルウォーク120分	☆☆☆

走行距離	星の数
合計 km	合計 個

サブ3レベルのシリアスランナーなら、レース翌週から次のレースに向けて始動するタイプも少なくないと思います。ウルトラマラソンでも、その基本戦略は変わりません。サブ3.5まではポイント練習は日曜の3時間路上（またはアレンジメニューの2時間トレイルウォーク）のみですが、ウルトラを8時間ほどで完走するために、その前の水曜にポイント練習としてレースペース走を行います。フルマラソンのレースペースと比べるとずいぶん遅く感じると思いますが、故障を防ぐためにも、これ以上速く走らないように心掛けてください。

日にち	基本メニュー	重要度
/ (月)	オフ	
/ (火)	● **ジョグ** 30分	☆
/ (水)	● **レースペース走** 10km（キロ4'52''）	☆
/ (木)	オフ	
/ (金)	● **ジョグ** 60分	☆
/ (土)	● **ジョグ** 75分	☆
/ (日)	● **路上** 3時間	☆☆☆

MEMO

練習メニューの使い方：空いているスペースに、その日自分が行った練習を書き込もう。岩本式メニューを達成できたら、重要度欄にある☆を塗りつぶし、星の数をカウント。

sub- 3 Level
week 2

サブ3 レベル／2週目

ウルトラ目標タイム	8:06
レースペース	4'52''/km

金・土・日の3日間で50kmを走破する。無補給ランは絶対禁止

	アレンジメニュー	重要度
	● **レースペース走** 10km（キロ4'52''） **＋** ● **階段昇降** 10分 or ● **レースペース走** 10km（キロ4'52''） **＋** ● **縄跳び** 100回×2セット	☆☆
	● **トレラン** 25km **＋** ● **舗装路の下り** 500m	☆☆☆

走行距離	星の数
合計 km	合計 個

血気盛んなサブ3ランナーなら、もう息が切れるようなスピード練習がしたい頃合いかもしれませんが、2週目まではフルマラソン後の超回復期間ですからぐっと我慢。疲労が抜けないなら、水曜のレースペース走は10kmに減らして階段昇降か縄跳びをプラス。土曜の30km走を終えた後、日曜のジョグは60分（←それ以外の内容はサブ3.5と同じ）。金・土・日のセット練と考えると3日間で50kmほど走ります。今後も、20km以上のロング走は糖質とたんぱく質を前後に補給して行うべき。無補給ランは筋肉を削る恐れがあり、NGです。

日にち	基本メニュー	重要度
/ (月)	オフ	
/ (火)	● **ジョグ** 30分	☆
/ (水)	● **レースペース走** 15km（キロ4'52''）	☆☆
/ (木)	オフ	
/ (金)	● **ジョグ** 60分	☆
/ (土)	● **レースペース走** 30km（キロ4'52''）	☆☆☆
/ (日)	● **ジョグ** 60分	☆

MEMO

sub- 3 Level

week 3

サブ3 レベル／3 週目

ウルトラ目標タイム	8:06
レースペース	4'52''／km

1ロング+1スピードの黄金メニューでF2.7の公式を実現する

アレンジメニュー	重要度
●**トレッドミル**10km（23'00''➡21'30''）＋ ●**ステップマシン**10分（心拍毎分155拍まで追い込む）	☆☆
●**トレイルウォーク**120分	☆☆☆

走行距離	星の数
合計 km	合計 個

月曜は完全オフで疲労を抜いてリフレッシュ。水曜はスピード練習として5㎞ごとにペースを上げるビルドアップ走が加わり、1ロング＋1スピードというメニュー構成が整います。始めの5㎞は24分（←ほぼウルトラのレースペース）、次の5㎞は1分上げて23分、最後は1分30秒上げで21分30秒。悪天候時はインドアでトレッドミル＋ステップマシンにアレンジしますが、初回からいきなり逃げるのは感心しません。土曜は3時間路上ですが、できるだけ走ってください。元気ならトレイルまで出かけて歩いたり、下りは走ったりしましょう。

日にち	基本メニュー	重要度
/ (月)	オフ	
/ (火)	● **ジョグ**60分	☆
/ (水)	● **15㎞ビルドアップ** 24'00"➡23'00"➡21'30"	☆☆
/ (木)	オフ	
/ (金)	● **ジョグ**90分	☆
/ (土)	● **路上**3時間	☆☆☆
/ (日)	● **ジョグ**60分	☆

MEMO

sub- 3 Level	
week 4	
サブ3 レベル／4 週目	
ウルトラ目標タイム	8:06
レースペース	4'52''／km

レースペース走の設定ペースが楽に感じたら少し上げる

	アレンジメニュー	重要度
	●トレッドミル 10km（23'00''➡21'30''） ＋ ●ステップマシン 10分（心拍毎分 155 拍まで追い込む）	☆½
	●トレラン 35km ＋ ●舗装路の下り 500m	☆☆☆

走行距離	星の数
合計 km	合計 個

この週の白眉は土曜の40kmレースペース走。アレンジメニューでトレランをする場合は5km減の35kmです。金曜の90分ジョグ、日曜の60分ジョグとセットで考えると、３日間のトータルで60km以上の距離を踏んでいます。距離を踏んだら、その分食事量も増やして体力の損失をカバーしましょう。自力があるサブ3ランナーはここから先、ビルドアップ走の設定ペースが楽に思えるケースもあるかもしれません。ロング走などメニューが想定通りにこなせて疲労も溜まっていないなら、気持ちよく上げられるところまで上げてください。

日にち	基本メニュー	重要度
/ (月)	オフ	
/ (火)	● **ジョグ**75分	☆
/ (水)	● **15kmビルドアップ** 24'00''⇒23'00''⇒21'30''	☆☆
/ (木)	オフ	
/ (金)	● **ジョグ**90分	☆
/ (土)	● **レースペース走**40km（キロ4'52''）	☆☆☆☆
/ (日)	● **ジョグ**60分	☆

MEMO

第1回目の峠走こそ、アレンジに逃げないで取り組んでみる

sub- 3 Level
week 5

サブ3レベル／5週目

ウルトラ目標タイム	8:06
レースペース	4'52''/km

	アレンジメニュー	重要度
	●トレッドミル10km（23'00''➡21'30''）＋ ●ステップマシン10分（心拍毎分155拍まで追い込む）	☆☆
	●レースペース走40km（キロ4'52''）	☆☆☆

走行距離

合計 km

星の数

合計 個

峠走はフルマラソンだけではなく、ウルトラでも有効です。今回は13週間で計3回の峠走を行いますが、その初回が土曜にお目見えします。距離は40㎞。ウルトラはアップダウンが激しいレースが大半ですから、悪天候か体調不良でない限り、安易にアレンジメニューに逃げるのは避け、レースをシミュレーションするつもりで挑戦してください。金曜の120分ジョグ、土曜の峠走、日曜の60分ジョグでトータル70㎞くらいは走っています。この３日間が笑顔でこなせたら、ウルトラ仕様のストロングな脚ができてきたと思っていいでしょう。

日にち	基本メニュー	重要度	
/ (月)	オフ		
/ (火)	●ジョグ75分	☆	
/ (水)	●15㎞ビルドアップ 24'00''➡23'00''➡21'30''	☆☆	
/ (木)	オフ		
/ (金)	●ジョグ120分	☆	
/ (土)	●峠走40㎞	☆☆☆☆☆	
/ (日)	●ジョグ60分	☆	

MEMO

sub-3 Level
week 6

サブ3レベル／6週目

ウルトラ目標タイム	8:06
レースペース	4'52''/km

血液検査で体調チェック。土曜のレースペース走でフルの自己ベスト達成も

	アレンジメニュー	重要度
	● **10kmビルドアップ**(23'00''⇒21'30'') ＋ ● **階段昇降** 10分 **or** ● **10kmビルドアップ**(23'00''⇒21'30'') ＋ ● **縄跳び** 100回×2セット	☆
	● **レースペース走** 40km（キロ4'52''）	☆☆☆☆

走行距離	星の数
合計　　km	合計　　個

土曜のレースペース走は毎週のように延長されて今週は50kmです。ウルトラ脚ができていれば、42.195km地点で自己ベストが出る可能性もあります。週前半にメディカルチェックで内科を受診。医師に相談して適切に対処してください。血液検査の結果が悪かった場合、土曜のレースペース走は10km減らして疲労回復を優先させます。水曜のビルドアップ走が辛そうなら、距離を10kmに短縮して階段昇降か縄跳びをプラス（←7週目以降も同様に）。今後はアレンジからトレッドミルを追放。悪天候でもレースを想定して屋外を走ります。

日にち	基本メニュー	重要度	
/ (月)	● **メディカルチェック**		
/ (火)	● **ジョグ** 75分	☆	
/ (水)	● **15kmビルドアップ** 24'00''➡23'00''➡21'30''	☆☆½	
/ (木)	オフ		
/ (金)	● **ジョグ** 90分	☆	
/ (土)	● **レースペース走** 50km（キロ4'52''）	☆☆☆☆½	
/ (日)	● **ジョグ** 60分	½	

MEMO

sub-3 Level
week 7

サブ3レベル／7週目

ウルトラ目標タイム	8:06
レースペース	4'52"／km

2度目の峠走を行う。強度をちょっぴり落として来週に備えて

	アレンジメニュー	重要度
	● **10kmビルドアップ**（23'00"➡21'30"） **＋** ● **階段昇降** 10分 **or** ● **10kmビルドアップ**（23'00"➡21'30"） **＋** ● **縄跳び** 100回×2セット	☆½
	● **レースペース走** 45km（キロ4'52"）	☆☆☆☆

走行距離	星の数
合計　km	合計　個

トレーニングも後半戦に突入します。金曜、土曜、日曜の３日間で70kmほどの距離を踏んで、ウルトラランナーに求められる資質を鍛えます。土曜のロング走は峠走40km。５週目と同じ距離ですが、練習がきちんと完遂できていたら、前回より楽に感じるに違いありません。アレンジメニューのレースペース走は45km。先週の基本メニューは50kmでしたから、練習内容は控えめ。なぜなら強度を少し落とすと疲労回復が促されて成長が期待できますし、翌８週目の練習内容がハードなのでこのタイミングでの体力の損耗を避けたいのです。

日にち	基本メニュー	重要度
/　(月)	オフ	
/　(火)	● **ジョグ**75分	☆
/　(水)	● **15kmビルドアップ** 24'00''➡23'00''➡21'30''	☆½
/　(木)	オフ	
/　(金)	● **ジョグ**120分	☆
/　(土)	● **峠走**40km	☆☆☆☆½
/　(日)	● **ジョグ**60分	½

MEMO

sub-3 Level
week 8

2週連続強化ウィークの第一弾。金・土・日でトータル80kmを走る

サブ3レベル／8週目

ウルトラ目標タイム	8:06
レースペース	4'52"/km

	アレンジメニュー	重要度
	● **10kmビルドアップ**(23'00"➡21'30") ＋ ● **階段昇降**10分 or ● **10kmビルドアップ**(23'00"➡21'30") ＋ ● **縄跳び**100回×2セット	☆
	● **レースペース走**50km(キロ4'52")	☆☆☆☆☆

走行距離	星の数
合計　km	合計　個

ウルトラ攻略を狙った13週間プログラムのピークが8週目と9週目という2週間。ここで最高にハードな練習を強行します。金曜のジョグは余計な疲れを溜めないために60分と控えめにして、土曜のレースペース走を60kmまで延長します。フルでいうならいわば30km走ですから、これが貫徹できたらレース本番でも快走する可能性が高まります。疲れが残っているときは最大10km減らしてもOKですが、できる限り最後まで走り切りましょう。金・土・日で走行距離はトータル80km。これだけ走れば来週のソツケンに余裕で臨めます。

日にち	基本メニュー	重要度
/ (月)	オフ	
/ (火)	● **ジョグ**75分	☆
/ (水)	● **15kmビルドアップ** 24'00''➡23'00''➡21'30''	☆⯨
/ (木)	オフ	
/ (金)	● **ジョグ**60分	⯨
/ (土)	● **レースペース走**60km（キロ4'52''）	☆☆☆☆☆☆
/ (日)	● **ジョグ**60分	⯨

MEMO

sub-3 Level	
week 9	
サブ3レベル／9週目	
ウルトラ目標タイム	8:06
レースペース	4'52"/km

ソツケンで実力を測り、100km超のセット練でウルトラの距離を克服！

アレンジメニュー	重要度
● ジョグ15km	☆

走行距離	星の数
合計　km	合計　個

ここで13週間プログラムでもっとも重要なスペシャルウィークを迎えます。土曜に実施する70kmレースペース走はソツケン。これが成就できたら、F2.7の目標タイムをクリアする確率はぐんと高くなります。ちなみにソツケンはワンアンドオンリーでアレンジメニューはありません。日曜はオフではなく畳みかけるように4時間ジョグを実施して、2日のセット練で110km走り切ります。月曜のオフ日をすぎても8週間の疲れが抜けないときは、水曜のビルドアップ走は15kmジョグに変更。一点の曇りもない態勢でソツケンに挑んでください。

日にち	基本メニュー	重要度
/ (月)	オフ	
/ (火)	● **ジョグ** 75分	½
/ (水)	● **15kmビルドアップ** 24'00''➡23'00''➡21'30''	☆½
/ (木)	オフ	
/ (金)	● **ジョグ** 60分	½
/ (土)	ソツケン ● **レースペース走** 70km（キロ4'52''）	☆☆☆☆ ☆☆☆
/ (日)	セット練 ● **ジョグ** 240分	☆☆☆

MEMO

sub-3 Level
week 10

サブ3 レベル／10週目

ウルトラ目標タイム	8:06
レースペース	4'52"／km

ラストの峠走を完遂。テーパーリングで潜在力を引き出す

	アレンジメニュー	重要度
	●**レースペース走**10km（キロ4'52"） **or** ●**ジョグ**90分	☆
	●**ジョグ**30分	½☆
	●**トレラン**35km ＋ ●**舗装路の下り**500m	☆☆☆½☆

走行距離	星の数
合計　　　km	合計　　　個

10週目からは練習量（走行距離とスピード）を減らして疲労回復を促し、本番に向けて超回復を狙うため、慣れ親しんだ1スピード＋1ロングという定番メニューにサヨナラ。水曜は脚に響くビルドアップ走ではなく15㎞レースペース走、土曜に最後の峠走35㎞を行います。疲れているなら、レースペース走は10㎞に短縮するか、90分ジョグにスイッチします。峠走の方はできればアレンジメニューのトレランを選ばないで、金曜のジョグを30分に短縮してでも実施してください。日曜もセット練ではなく休み、疲労回復を促します。

日にち	基本メニュー	重要度
/　(月)	オフ	
/　(火)	●**ジョグ** 30分	⯪
/　(水)	●**レースペース走** 15㎞（キロ4'52"）	☆⯪
/　(木)	オフ	
/　(金)	●**ジョグ** 60分	☆
/　(土)	●**峠走** 35㎞	☆☆☆☆⯪
/　(日)	オフ	

MEMO

sub- 3 Level

week 11

サブ3レベル／11週目

ウルトラ目標タイム	8:06
レースペース	4'52"/km

ビルドアップ走復活で走力の落ち込みを避ける。脚を温存する配慮も大事

アレンジメニュー	重要度
● **ジョグ** 30分	☆
● **10kmビルドアップ**（23'00"➡21'30"） **＋** ● **階段昇降** 10分 **or** ● **10kmビルドアップ**（23'00"➡21'30"） **＋** ● **縄跳び** 100回×2セット	☆
● **ジョグ** 30分	☆

走行距離	星の数
合計 km	合計 個

水曜は15kmビルドアップ走。9週目の疲労が残っていた先週は水曜にレースペース走を行いましたが、今週はやや強めの刺激で走力低下を防ぎます。疲れているなら、月曜のジョグを30分に短縮して臨みましょう。土曜は35kmレースペース走。ソツケンを乗り切ったランナーには短く感じられる距離でしょう。土曜のレースペース走は重要なので、アレンジメニューはありません。こちらも疲れが残っているなら、金曜のジョグを30分で切り上げてチャレンジしてください。日曜は完全休養日。あちこち出歩かず、大事な脚を休めましょう。

日にち	基本メニュー	重要度
/ (月)	● **ジョグ** 60分	☆
/ (火)	● **ジョグ** 60分	½☆
/ (水)	● **15kmビルドアップ** 24'00''➡23'00''➡21'30''	☆½☆
/ (木)	オフ	
/ (金)	● **ジョグ** 60分	☆
/ (土)	● **レースペース走** 35km（キロ4'52''）	☆☆☆½☆
/ (日)	オフ	

MEMO

sub- 3 Level
week 12
サブ3 レベル／12 週目

ウルトラ目標タイム	8:06
レースペース	4'52''/km

レースペース走が物足りなく感じても、決して走りすぎない

	アレンジメニュー	重要度
	● **ジョグ** 75分	☆
	● **レースペース走** 10km（キロ4'52''）　or　● **ジョグ** 90分	☆
	● **歩行** 45分	☆
	● **歩行** 45分	☆

走行距離	星の数
合計　km	合計　個

頑張ってきた13週間トレーニングも2週間を残すだけ。これまでと比べると非常に楽な内容。楽すぎて走力の低下を招かないか心配になりそうですが、逆に疲労が抜けて走力は穏やかに上がります。脚が少し重たいと感じたら、あえて多数用意した軽めのアレンジメニューで疲労回復に努めてください。日曜は最後のポイント練習である20kmレースペース走。全レベルで設定距離は同じなので、サブ3レベルは20kmでは物足りないと思いますが、それ以上走りすぎるのはNG。疲労が残って来週のレース後半に響き、失敗レースを招きます。

日にち	基本メニュー	重要度
/ (月)	● **ジョグ**90分	☆
/ (火)	オフ	
/ (水)	● **15kmビルドアップ** 24'00''➡23'00''➡21'30''	☆☆
/ (木)	● **ジョグ**60分	☆
/ (金)	● **ジョグ**60分	☆
/ (土)	オフ	
/ (日)	● **レースペース走**20km（キロ4'52''）	☆☆☆

MEMO

sub-3 Level

week 13

サブ3レベル／13週目

ウルトラ目標タイム	8:06
レースペース	4'52"／km

慌てず、騒がず、自分だけを信じて号砲を静かに待つ

レースが土曜日	重要度
● **ジョグ** 60分	☆
● **レースペース走** 15km（キロ4'52"）	☆
オフ	
● **ジョグ** 60分	☆
オフ	
レース	

13週間の総走行距離	13週間の星の数
合計　　km	合計　　個／100個

13週間の練習で集めた星の数が90個なら達成度は90%、100個なら100%ということになります。

とうとうレース週がやって来ました。この週の内容は全レベルでまったく同じ。水曜のレースペース走以外はジョグのみです。気がかりになって走りすぎてしまうと、疲労が溜まってパフォーマンスが落ちる恐れがあるのです。アレンジメニューはとくに設けていませんが、土曜にレースがある場合には火曜と水曜のメニューを入れ替えて、前日の金曜はオフ日とします。いずれもレース前日は完全オフ。無意味な動きをしないで自宅または宿舎に引きこもり、立ちっぱなし&歩きっぱなしで脚に疲労を溜めないように気をつけましょう。

日にち	レースが日曜日	重要度
/ (月)	● **ジョグ** 60分	☆
/ (火)	オフ	
/ (水)	● **レースペース走** 15km（キロ4'52''）	☆
/ (木)	● **ジョグ** 60分	☆
/ (金)	● **ジョグ** 60分	☆
/ (土)	オフ	
/ (日)	**レース**	

レース名		
月　日（　）	タイム	:　'　''

COLUMN 03

ウルトラに強くなる補強トレーニング

ランニングの筋力はランニングで養われると僕は思っています。ですから、補強トレにはあまり積極的ではないですが、自分が実践しているトレーニングを２種類だけ紹介します。いずれもランニングに必要なラン反射を活性化するのがおもな狙いです。

ジャンピング・ランジは着地のシミュレーション。股関節を伸ばして地面を押した脚が後ろで流れすぎるのを防ぎます。股関節を伸ばすお尻（大臀筋）や太もも後ろ側の筋肉（ハムストリング）、着地の衝撃を受け止める太もも前側の筋肉（大腿四頭筋）が鍛えられます。

腹筋ローラーでは、お腹の腹筋群を鍛えます。腹筋群は、反射的な収縮で後ろに流れた脚を素早く前に振り戻します。ローラーを限界まで押したら、そこから反射的に戻るのがポイント。ローラーはネット通販などで1000円前後で手に入ります。分解できて持ち運べるタイプだと、どこでもトレーニングできて重宝します。

① ジャンピング・ランジ

（左右交互に合計20回×２～３セット、週３回）

両足を腰幅に開いて立ち、爪先を正面に向ける。片足を大股１歩分後ろに大きく引き、前後の膝を深く曲げる。上体は床と垂直に保ち、両手を頭の後ろで組む。その場で真上にジャンプして、空中で脚の前後を入れ替え、股関節と膝関節を曲げてピタッと着地。上体を前後にぶらさないように注意しながら、左右交互に繰り返す。

② 腹筋ローラー

（10～15往復×２～３セット、毎日）

両手で腹筋ローラーのグリップを握り、両膝を床について四つん這いになる。膝の位置を固定したまま、ローラーを前に転がして胸を床すれすれに近づける。限界まできたら、素早くローラーを手前に転がして元に戻る。

ウルトラ攻略のための
レースマネジメント実践的講座

CHAPTER 4

13-WEEK ULTRAMARATHON TRAINING PROGRAM

ウルトラを5km×20回と捉えて設定ペースをトレースする

☆の数、つまり達成度はどうあれ、13週間の練習を完遂してスタート地点に立ったランナーは、全員がすでに勝者。フルとは次元の違う努力（練習）を重ね、１００kmという未知の距離に対する不安と恐怖を乗り越えてきたのですから、自分自身への戦いにすでに勝利しているのです。スタートラインに立ったら、「練習をトレース」するのみですが、レースマネジメントに失敗すると「レースはトレース」にならなくなり、F２・７の公式で立てた目標タイムに届かない失敗レースに終わることもあります。

何よりも大切なのは、レースペース走の５kmの設定ペース（サブ４・５：36分27秒、サブ４：32分24秒、サブ３・５：28分21秒　サブ３：24分18秒）を守ること。**練習と同じように５kmごとにタイムをチェックし、20回繰り返せばレースは終了。**１００kmという大きな塊でレースを捉えるよりも、５km単位で細切れに捉えた方が心理的にもずいぶんラクになります。たかだか皇居20周だと思ったら、気が楽になりませんか？

ランナーの大半は、フルマラソンに近いペースで気持ちよく走り出しますが、それにつられてペースを乱してはダメ。設定ペースよりも1分遅く入る気持ちで、くれぐれもオーバーペースに陥らないようにしてください(↑1分遅く入るつもりで、たぶん設定ペース前後で走っているはず)。フルマラソン地点くらいまでは抜かれる一方でしょうが、いくら抜かれても心配無用。それ以降は一転ゴボウ抜き状態になるに違いないからです。「タイムの貯金は、レースの借金」という言葉があるように、オーバーペースのツケは必ず後半にやってきます。それは僕の経験上〝5倍返し〟であり、前半5㎞を1分速く入ると、後半5㎞は5分前後ペースダウンすることも珍しくありません。

僕はチャレンジ富士五湖ウルトラマラソンでサブ10のペーサーをした経験があります。設定ペースは5㎞29分。スタートから50人ほどのランナーが僕について走っていましたが、40㎞地点の下り坂で皆一斉に僕を追い抜き始めました。よい練習ができたランナーほど、40㎞あたりでペースアップしたくなるものなのです。僕を信じて集団に残ったのは、妻の里奈を始め5人だけ。でも、80㎞地点までに先行したランナーが落ちてきて45人全員を追い抜き、結局サブ10を成し遂げたのは我慢して付いてきた里奈を始めとする5人のみ。落ちていったんは集団に戻ったランナーもいましたが、前半の貯金が5倍返しの借金となって重くのしかかり、誰も最後まで僕のペースについてこられなかったのです。

レースによっても変わりますが、ペースアップしてよいのは80㎞地点から。前半抑えていれば潰れる不安はありませんし、万一潰れてもタイムはそこそこにまとめられます。

糖質の正しい補給こそが、成功レースを約束してくれる

レースマネジメントで完璧を期したいのは補給。「マラソンは食べるスポーツ」というのが僕の長年の持論ですが、その2倍以上の距離を走るウルトラはマラソン以上に食べるスポーツなのです。

補給のポイントとなるのは糖質の摂取です（↑ここからの理論的な解説については小谷さんの分析が基になっています）。糖質の補給を重視すべき理由を5つ挙げましょう。

理由1：糖質は運動の主役となる筋肉のメインのエネルギーであり、糖質の不足はエネルギー不足によるパフォーマンス低下に直結します。脂質も筋肉のエネルギーとなりますが、脂質単独では燃焼できないため、糖質はつねに必要なのです。

理由2：糖質は体内での貯蔵量が少なく、肝臓に100g、ランの主動筋である下半身の筋肉に230g程度しか貯められません。仮にすべてを運動に動員できても、糖質は1g当たり4kcalですから、発揮できる総エネルギーは1300kcalです。

理由3：糖質は大事な栄養素なので、糖新生という仕組みで肝臓と腎臓で合成できます。けれど、糖新生は全力でも1時間に5〜6g程度で、運動エネルギーにするには焼け石

に水。しかも糖新生は産生効率が悪く、食べ物から糖質を摂った方がずっと効率的です。

理由4：糖質が不足すると血糖値が下がります。脳のメインのエネルギーは血液中に含まれているブドウ糖＝血糖なので、すでに触れたように血糖値が下がると危険を察知した脳から「もうこんな馬鹿なことはやめなさい！」という命令が下ります。これはレース中に起こる疲労感の一因であり、脚はまだ元気なのにペースが落ちやすくなります。

理由5：糖質が欠乏して血糖値が下がると、普段は積極的にエネルギー源にならない栄養素が分解されます。それがたんぱく質です。たんぱく質のおもな役割はカラダそのものを作ることであり、筋肉も水分を除くとほとんどがたんぱく質。血糖値が下がってたんぱく質がエネルギー源として分解されると筋肉が損傷しますから、パフォーマンスの低下につながります。たんぱく質を分解すると有害なアンモニアが発生し、それを解毒・排泄するために肝臓と腎臓に余計な負担が加わり、それも疲労感のもとになります。

筋肉の損傷を防ぐには、BCAA（分岐鎖アミノ酸。バリン、ロイシン、イソロイシンの総称）の摂取も役立ちます。BCAAは体内で合成できない必須アミノ酸で、筋肉のたんぱく質を構成しています。BCAAを摂ると筋肉の分解抑制につながりますが、それは血糖値が正常に維持されていることが条件。フルでは有効でも、フルを超える距離を走り、血糖値が下がった状態でBCAAだけを摂っても、筋肉の分解を防ぐ作用は限定的です。

レースで自分が摂るべき糖質量を知る

レースにおける糖質補給の大切さを頭に入れたら、どの程度補給するべきかを考えてみてください（↑この項目も小谷さんの分析がベースになっています）。

ランニングで消費するエネルギーは体重（kg）×走行距離（km）で概算できます。僕の体重55kgだと、ウルトラマラソンでは55×100＝5500kcalを消費するのです。

ウルトラのレースペースでは消費するエネルギー源の50〜55％が糖質由来と考えられます。50％とするなら5500×0・5＝2750kcal。糖質は1g当たり4kcalですから、2750÷4≒688gの糖質が必要になります。

肝臓と下半身の筋肉に貯蔵している糖質量は前述のように330g前後。脳や赤血球などもつねに糖質を欲していますから、このうち半分の165gを運動に使えると仮定するならば、レース中に補うべき糖質は688−165＝523gとなります。

レースは5kmごとにペースをマネジメントしていますし、5kmごとにエイドステーションが用意されています。糖質が枯渇して血糖値が下がってからでは手遅れなので、糖質は5kmごとに20回に分けて補給するのが合理的。1回当たり、523g÷20＝26・15gの摂取が正解です。自分の体重から同じように計算してみてください。

⊙レース中に補給するべき糖質量の求め方

ステップ1　消費カロリー（　）kcal＝体重（　）kg×100
ステップ2　糖質の必要量（　）g＝消費カロリー（　）kcal×0.5÷4
ステップ3　糖質の補給量（　）g＝糖質の必要量（　）g－165g
ステップ4　5㎞ごとに摂るべき糖質量（　）g＝糖質の補給量（　）g÷20

ウルトラで糖質の補給源になってくれるのは、次のような食品でしょう。

⊙レース中の糖質の補給源と糖質量の目安

・エイドにある小さめのおにぎり1個（70g）……26g　・バナナ1本（100g）……21g
・エナジージェル1個（50g）……25〜30g　・ネクター（果肉飲料、200cc）……22g
・オレンジジュース1杯（200cc）……21g　・スポーツドリンク（200cc）……9.5g

エナジージェルはポケットに入れて走り、レストステーションに預けた荷物に追加のエナジージェルやバナナ、オレンジジュースなどを準備。糖質を補給しながら走りましょう。

朝食もおろそかにできません。ウルトラのスタートは早朝ですが、起きてから走り出す前に糖質を摂って肝臓と筋肉に糖質をフルチャージします。僕らのルーティンは、スタートまでに切り餅7個を食べること。切り餅1個（50g）には25gの糖質が含まれています。

エイドで必ず摂取するのは、水分、ビタミン、ミネラル、アミノ酸

糖質以外で補給すべきなのは水分、ビタミン、ミネラル、アミノ酸の4つです。

水分の重要性は明らか。脱水症状が起こるとパフォーマンスは低下します。一度にたくさん飲んでも吸収されないので、エイドではスポドリでこまめ、少なめに水分補給します。

ビタミンのなかでも摂っておきたいのは、ビタミンB群。B_1は糖質、B_2は脂質の代謝に関わります。糖質をいくら補給しても、B_1が不足すると運動エネルギーに変わりにくくなります。小谷さんは24時間走のレース中、カップ麺を食べて劇的に元気になった経験があるとか。それは恐らくカップ麺に糖質以外にもB_1とB_2が含まれているからでしょう。B群に限らず、ビタミンは協力し合って働きます。エナジージェルやスポドリにもビタミンは含まれていますが、僕は念のためにビタミンをバランスよく含むマルチビタミンを用意してスタート前に摂り、あとは30㎞ごとに30㎞地点、60㎞地点、90㎞地点で摂っています。1回当たりの摂取量は、1日の摂取目安量の半分。ビタミンAやDのような脂溶性ビタミンは摂りすぎると過剰摂取の危険もありますが、レース時のみの限定的な使用なら大きな支障は生じないでしょう。

ミネラルでことに不足しやすいのは、発汗で失われやすいナトリウムとカリウム。スポドリにはナトリウムとカリウムがバランスよく含まれていますから、エイドでは真水ではなくスポドリを選んで水分とともにナトリウムとカリウムを補ってください。エイドの干し梅からはナトリウム、バナナやオレンジジュースからはカリウムが摂れます。ただし、食塩は胃を荒らす恐れがあるので、ナトリウムを食塩から摂るのはNGです。

最後はアミノ酸の摂取。推奨はグルタミンとオルニチンです。いずれも肝臓や腎臓の機能を助けてくれます。ウルトラにおけるグルタミンとオルニチンの生理的な作用はまだ完全には解明されていませんが、主観的にはむくみが軽くなり、悪いところに届いて効く感覚があります。こちらは10kmおきにL-グルタミン5g、オルニチン2gを摂ります。フルではBCAAの摂取をすすめていますが、フルよりもレースペースが遅くて強度が低いので、ウルトラではBCAAをあえて多く摂取する必要はありません。糖質摂取を忘れなければ、筋肉の消耗は避けられるのです。

糖質、ビタミン、ミネラル、アミノ酸のレース中の補給タイミングと摂取量はこの章の最後のレベル別100kmラップ表（198ページ参照）に付記しました。参考にしてください。エイドでの補給が基本ですが、エイドで長居するとタイムをロスします。〝エイド5秒〟を合い言葉にスピーディな補給を心掛けてください。

強いメンタルの作り方①覚悟を決めて悪天候をチャンスに変える

フルマラソンはまさに「レースはトレース」でスタート地点に立った時点で99％以上終わっています。本章の冒頭で触れたようにウルトラも本来ならそうあるべきですが、マイナス思考に捉われてメンタルが落ちると思ったようなレース運びができなくなります。そこで僕なりの強いメンタルの作り方を紹介したいと思います。

レース中に「辛い」「苦しい」「なぜエントリーしたんだ！」といったマイナス思考に負けないために大切なのは、自分の強さを信じて何が起こっても負けずに走り続けると心に誓うことだと思っています。「トラブルなんて起こって同然。だってウルトラだもん！」「潰れるのが当然。潰れてからがウルトラでしょ！」と腹を括ってください。「だるい」「疲れた」「寒い」「やめたい」といったマイナスワードは口にしないこと。その言葉をいちばん身近で聞いているのは自分自身なので、余計に辛くて疲れるだけです。

この決意がないと、雨が降って来たら「寒くて辛くなるね」と心配し、晴れてきたら「暑くて大変になるね」と愚痴をこぼすハメになります。ウルトラのレースが終わると、あちこちでシビアコンディションで大変だったといった投稿が目立ちますが、ベストコンディションで行われるレースの方が圧倒的にレアケース。日本には豊かな四季があり、天候も変わりやすいのですから、寒い、暑い、雨、雪、強風は全部想定内。言い訳になりません。

僕自身、44歳で24時間走世界選手権の国内選考レースにチャレンジした際、こんな体験をしました。開催日は12月第2週で全国的に冷え込んでいましたし、オマケに小雨混じり。そのときのライバルはまだ20代の選手たちでしたが、僕は心の底で「自分も苦しいけど、若い彼らは経験が乏しいからもっと苦しく感じるはず。雨よ、じゃんじゃん降ってくれ」と少々意地悪に思っていました。そして22時間すぎに初めてトップに立ち、２４４・７３９kmで優勝することができました。

後年、トップ選手に成長した当時のライバルから「20時間経過した頃、岩本さんから抜かれたときに、〝楽しいね！〟と声をかけられてやられた、と思いました」と告白されました。声をかけた記憶は僕にはないですが、覚悟を決めた僕の心の声だったのでしょう。

レース前には「何があっても絶対負けない！　雨雪熱烈歓迎！　ヒトはヒト、ワタシャ負けねぇざまぁみろ！」と１００回唱えてください。１００kmレースを軽く優勝するような一部の特殊な人たちを除くと、**99%の人にはウルトラの才能は備わっていません。もしウルトラの才能があるとしたら、それは「覚悟を作る能力」です。**やると決めたのは自分自身。勇気はもらうものではなく自分で作るもの。走りで人に勇気を与えるランナーになってください。

強いメンタルの作り方②言い訳を考えない

前ページの「強いメンタルの作り方①」を読んだ皆さんは、自分はさぞすごい戦いに崇高な精神で挑むことになるのか、と思ったことでしょう。前言撤回するようで申し訳ないのですが、ウルトラはただの遊びです。100キロを走り切ってもなんともありません。レース後「死ぬ気で頑張った！」とか「限界を超えた！」などと表現する人たちがとても多いですが、所詮は遊びです。地球の裏側では100kmをキロ5分で逃げないと、または両足が攣り、膝や腰も激痛、おまけに捻挫状態でも走り続けないと敵の銃弾に倒れるような本当の戦いを日々繰り広げている人がたくさんいます。命の保障がある平和極まりないこの国のウルトラレースなんて、所詮は英雄ごっこでしかありません。

そのごっこでさえ不安だからこのページを食い入るように読んでいる皆さんにリタイヤしない方法を教えましょう。まず**レース前にSNSで「成功レースの場合だけ報告します。そうでない場合は言い訳にしかならないので」と宣言してください。**

よく目にしませんか？　レース後「実は前日に体調を崩して」「この1ヵ月、仕事でほとんど走れなかった」「コースをロストしてしまった」「自分の意思でリタイアだけはしたくなかったので収容車に追いつかれるまでコース上で頑張った」などのリタイア言い訳コメント。それを書いている人はレース中の苦しい場面で完走することではなく、リタイアの言い訳を考えていた人たちです。

なぜリタイアの言い訳を考えるのでしょう。理由は簡単。弱い人間だと思われたくないから。出来る子だと褒められたいから。なぜ敗北を認めないのでしょう。それはそのコメントに対し、「それでもよく頑張った！」「次に繋がる有意義な撤退」などとうわべの人間関係を保つ為の偽物のリスペクトが欲しいからです。そんな言い訳には、よくもなんともないのに「いいね！」が集まります。ですから事前に宣言してください。それで初めてあなたには完走や好走にだけ集まる真の「いいね！」が訪れるのです。

僕がウルトラを始めた頃はSNSなどありませんでした。「どうだ！ すごいだろ！」と触れ回る場は専門誌のみで、それも数ページに取り上げられるだけの結果を出さないと無理でした。ところが今は誰もが、手軽に「どうだ！ すごいだろ！」や「僕頑張ったから慰めて」をSNSで展開できてしまいます。それこそがあなたを弱体化させるのです。「死人に口無し」という言葉がありますが、こう解釈してください。「敗者は口を開くな」と。敗者の一見美しいコメントを披露したいのであれば、それなりの戦いをしてからにしましょう。「保険発言&言い訳禁止」の強い気持ちで向かいましょう。

レース前日の過ごし方、レース当日のトラブルシューティング

最後にレース前日の過ごし方、レース中に起こりうるトラブルの対処法をまとめます。

レース前日には受付、開会式、前夜祭などが開催されます。受付は仕方ないとして、エキスポも含めてそれ以外のイベントには参加せず、宿舎に直行してカラダをじっくり休めてください。**前日の立ちっぱなし、歩きっぱなしによる疲労は想像以上に大きく、レース後半で足が止まる原因となります。**僕は100均でも買える小型の折り畳み椅子を持ち歩いて、隙あらば座って足腰を休めています。

糖質はウルトラランナーの生命線ですが、前日に付け焼刃的に糖質の摂取を極端に増やすカーボローディングは不要。日本人は通常カロリーの6割近くを糖質から摂っているので、日常生活でカーボローディングをしているようなものだからです。いつもより多めにご飯やパンなどから糖質を摂るだけで十分。胃腸への負担を避けるために揚げ物などの脂っこい料理、肝臓に残業を強いて脱水を促しがちなアルコールの摂取は避けましょう。夕飯はできるだけ早めに済ませて眠り、翌朝はレース開始時刻の3時間前までには起きて、熱めのシャワーでカラダを目覚めさせて糖質中心の朝食を摂ってください。

レース中のトラブルで頻発するのは脚の痙攣《けいれん》と攣《つ》り。痙攣は、筋肉が収縮と伸展を無意識に繰り返している状態であり、攣りは筋肉が収縮し続けている状態です。

痙攣と攣りは過労、不用意な筋肉の伸展、発汗によるナトリウムとカリウムの喪失、低体温などが原因とされていますが、いまだに何が主犯かはわかっていません。練習では生じないのにレースだけで起こるとしたら、メンタルに誘因がある可能性もあります。フルでは起こらないのにウルトラで起こるなら、練習不足による疲労の累積が引き金とも考えられますが、13週間メニューを完遂していればその可能性は低いでしょう。

ストレッチやマッサージは筋肉を刺激してしまうので、痙攣にも攣りにも逆効果。食塩摂取で予防できるというのは単なる都市伝説であり、食塩で胃が荒れるだけなのでNG。そのうち収まると信じ、焦らずしばらく休むか、ゆっくり歩いてやりすごしましょう。

メンタルが落ちて「もうリタイアしたい!」と思ったら、体調には波があると再認識。「やめたい」「ゴールまであと40㎞もある」といったネガティブ発言を封印し、糖質を摂って15〜20分ゆっくり歩くなど休んでみます。それで復活する例も多いのです。

雨、寒さ、暑さなどの悪天候には、「雨だったからペースが落ちた」といった往生際の悪い言い訳をしないで、携行品を準備するなどして対策を立てましょう（200ページ参照）。

続いて日本の代表的な5大ウルトラマラソンの実践的な攻略法を伝授します。

5大レース攻略法①▼サロマ湖100kmウルトラマラソンレース〔MAP▼p.196〕

〔MAP▼p.196〕

◎開催日：6月第4日曜　◎開催地：北海道湧別町、佐呂間町、北見市　◎種目／制限時間／定員：100km／13時間／3550名、50km／8時間／550名　◎F値：1・00

日本最古のウルトラマラソンともいわれており、IAU100km世界選手権の日本代表選手の選考会を兼ねています。アップダウンが少なく走りやすいのが特徴で、それゆえ人気も高く、完走するよりもエントリーする方が難しいと称されることもあります。

このレースは前日の過ごし方がポイント。女満別空港まで空路で入ってから、受付会場までバスで約2時間、そこから多くの人が宿を取る北見市まではまたバスで1時間以上かかります。北海道は想像以上にスケールが大きいのです。この移動で疲れ果てては本番に響きますから、小型の折り畳み椅子を持参し、立ちっぱなし、歩きっぱなしを徹底的に避けてください。前夜祭でうっかり名物のホタテを肴にビールを痛飲したりしないこと。

スタートから30km地点まではフラットなので、ペースアップしたくなりますが、設定ペースを堅守します。5kmまでは1kmごとに距離表示がありますから、それを頼りにペースアップを断固避けましょう。20kmすぎに折り返しのポイントがあり、折り返してくるトップランナーとすれ違います。その颯爽とした走りを見ていると元気が出てペースを上げたくなりますが、自重してください。あなたはトップランナーではないのです。

33kmからは車両規制のできないオホーツク国道に入り、歩道を走ります。歩道と垂直に交わる自動車の出入り口ごとに小さな段差があって案外脚に響きますから、できるだけ車道から離れた段差が少ない外側を選んで走りましょう。

45kmから60kmの間には上り下りが3回あります。高低差は30mほどで大騒ぎするような代物ではありませんが、ここまでがあまりにフラットなので想像以上に辛く感じるかもしれません。「サロマ、全然フラットじゃないじゃん！」とパニクらないであらかじめ覚悟しておきましょう。54・5kmのレストステーションを出るとすぐに、3回目の坂の下りが始まります。レストステーションに長居は無用ですが、少し休んで元気が出たからといって、勢いよく坂を駆け下ったりすると後半にツケが5倍返しで回ってペースが落ちます。

このコースのクライマックスは、80km以降のワッカ原生花園。オレンジ色のエゾスカシユリが咲き乱れています。レースペースを守っていたら、残り20kmはペースダウンするランナーを抜き去る一方でしょう。

道が平坦で景色が変わらないので進んでいる感じは乏しいのですが、そこはじっと我慢。90kmで折り返すとあとはゴールへの一本道。ここからは10kmも続くビクトリーロードだとポジティブに捉えてペースを思い切って上げてください。

5大レース攻略法② チャレンジ富士五湖ウルトラマラソン［MAP p.196］

⦿開催日：4月第3日曜 ⦿開催地：山梨県富士吉田市 ⦿種目／制限時間／定員：118km／15時間／1000名、100km／14時間／2000名、71km／11時間／1000名 ⦿F値：1・06

僕が初参加したウルトラマラソン。首都圏からのアクセスもよく、人気の高い大会です。受付会場には、僕が愛用している《ニューハレ》のブースがあり、無料でテーピングしてくれますから、利用してください。桜満開ですが、標高が高いので平地よりも季節が1ヵ月遅れ。スタート時の寒さには要注意です。2003年には積雪が多すぎてレースが途中で中止されたことも。スタート時には防寒着代わりの雨合羽などを用意して羽織りましょう。ゴールする時刻は夕方でまた冷えてきますから、防寒着は最後まで捨てないこと。

スタートして5kmは下りで飛ばしたくなりますが、国道135号線に出るまでは一人もランナーを抜かない気持ちで自重してください。135号線では信号で足止めされますが、立ち止まりなくないと点滅信号でダッシュするとインターバル走になり、脚に響きます。全部の信号を青で通過するのは不可能ですから、赤信号で足止めされても焦らないこと。その間のストレッチは痙攣のもと、足踏みは疲労のもとなのでともに禁止です。

10kmから27kmくらいまではフラットなのでペースが守りやすいでしょう。30kmから10km

ほどは歩道が走りにくいので、つまずかないように気をつけてください。エイドが割と貧弱なので、できれば小銭を用意。沿道に自販機がたくさんありますから、ネクター（果肉飲料）、スポドリ、ココア飲料などを買って糖質が欠乏しないように適宜補給してください。

40kmの河口湖大橋で一気に長い下りになります。ペースアップしたくなりますが、ここで上げるとあとで後悔します（173ページ参照）。45km地点に大きなエイドがあり、温かいうどんが食べられます。フル地点を通過して安心し、どっかり座って七味唐辛子をかけたうどんの食べ歩きモードになるランナーもいますが、エイド5秒の精神で長居は無用。

ここからは河口湖、西湖、精進湖と湖畔を縫うようなコースが続きます。ブラインドコーナーだらけで道幅も狭いので、接触などに気をつけて走ってください。

55kmからの上り坂の途中の小学校にレストステーションが設けられています。疲れて体育館で仰向けになったり、リタイア収容バスを待ったりしている人もいますが、そちらに目が行くとマイナス思考が伝播して弱気になります。彼らは〝石〟だと思って無視します。

上り切ってからは10km近く小さなアップダウンがあります。ランナーもバラけて集中力が途切れがちになりますが、1kmごとにカウントダウンしながら設定ペースの堅持に集中します。残り15kmは市街地に戻ってきます。最後の大勝負は90km以降の10km。6kmほど上りますが、ここで歩くとタイムを大幅にロスします。余力を振り絞って走り続けましょう。

5大レース攻略法③ ▼ 星の郷八ヶ岳野辺山高原100kmウルトラマラソン

〔MAP ▼ p.196〕

⊙開催日：5月第3日曜 ⊙開催地：長野県南牧村 ⊙種目／制限時間／定員：100km／14時間／2700名、71km／10時間15分／300名、42km／6時間30分／300名 ⊙F値：1・17

通称〝野辺山〟。国内のウルトラ屈指の難コースであり、それゆえ制限時間も通常よりも1時間延長されています。完走者の70%以上が12～13時間台でのフィニッシュであり、フラットなサロマ湖とはトップ選手でも40分ほどタイムに差が出るのが普通です。

スタート地点の標高がすでに1355m。そこからいきなり上りが始まりますから、ペースアップは禁物。5kmの設定ペースより1分から1分半は遅く入ってください。これだけの高地で始めから飛ばすと無酸素運動になり、サブ3レベル以外のランナーは撃沈です。

8km前後から25kmまでは林道トレイルと呼ばれるダート。拳大の石がゴロゴロしていますから、足元に気をつけてください。途中でコース最高地点1908mを通過します。スタートから600m以上上る計算ですから、コースのハードさがわかりますよね。

35km地点に大きなエイドがありますから、おにぎりなどで糖質を摂ります。エイドを出てから1kmほど上り、50kmまで下りが続きます。下りを利用して5kmの設定ペースから1分ほど速く走って前半の上りの借りを返します。脚に優しそうなので道路脇のグリーンベルト（緑地帯）を走りたくなりますが、不整地を走ると足腰の負担になります。

コースは基本的に時計回りの一筆書きですが、50km地点の第3関門をすぎてから東へ逸脱して距離合わせのために59km地点まで走って折り返します。折り返しはレストポイントですが、ここでダラダラしないこと。もと来た道を戻り、一筆書きコースに戻ってしばらくすると71kmの部のフィニッシュポイント。その先の79km地点が超難関といわれる馬越峠です。「馬越は大変だから歩いて当然」といわれますが、傾斜は皇居の上りより緩い程度。走ってください（↑この上りが辛いと感じるなら、補給不足の恐れアリ）。馬越峠を越えると完走率は90％以上。峠を下りてから、最後の9kmほどは上りになり、田園の曲がりくねった道を進みます。この9kmがいちばん辛いという経験者も少なくありません。フィニッシュ地点が見えており、そこから「○○さん、ゴール！」とフィニッシャーを讃えるアナウンスが聞こえてくるので、「いつになったら辿り着けるのだろう」とイライラしてしまうのです。その場面は事前に想定して心の準備をしておいてください。

手強いコースですが、しっかりマネジメントすれば1歩も歩かずにゴールできます。ちなみにこのレースの名物は温泉。途中レース中に入浴できる温泉が3ヵ所あり、「全部入って完走したよ」と余裕を見せるベテランランナーもいますが、F2・7の目標タイムを追求するなら温泉はパス。ゴールしてから堪能しましょう。

5大レース攻略法④ ▼ いわて銀河100kmチャレンジマラソン 〔MAP▼p.197〕

⦿開催日：6月第2日曜 ⦿開催地：岩手県北上市金ヶ崎町、花巻市西和賀町、雫石町 ⦿種目／制限時間／定員：100km／14時間／2000名、50km／8時間／500名、100km駅伝／13時間／50チーム ⦿F値：1・07

東北を代表する人気大会ですが、寒さ対策が必須になります。そもそも50km地点は、ゴールデンウィークまで営業しているスキー場。その1ヵ月後の大会なわけですから、天気が崩れると相当寒くなります。スタート時間は100kmレースとしては異例に早い4時。スタート地点で防寒用ゴミ袋を配ってくれるのですが、もちろんハサミはないので、雨合羽など防寒具は自前で用意しておいたほうがいいでしょう。おすすめは、50枚いくらで売っているような薄いビニール手袋。外して持っておいても邪魔になりません。

一方で、林間部の尾根を走るレースなので日陰がなく、晴れると日中はかなり暑くなります。スポンジ（200ページ参照）を持参するなど、暑さ対策もあわせて必要です。

コースの特徴を一言で言えば、前半上りっぱなし、後半下りっぱなしの峠走。平坦なサロマを基準にした設定ペースで最初から行くと潰れます。

まず、スタートから5kmは公園内を走るのですが、そのお祭りチックな雰囲気に気分が上がってオーバーペースになりやすいのです。でも、コースはすでに上りです。ここから飛ばすと後半のペースダウンは免れないので、抑えて入るように注意。

いちばん気をつけなければいけないのは、55km地点のピーク。そこに何があるかというと、ピークをはさんで4kmにわたって続くトンネルです。暗く長いトンネルを抜けたとき、視界が開けた安心感と、下りになっていることから、つい気持ちよく飛ばしてしまいがち。でもまだ40km以上残っていることをお忘れなく。

また、トンネル内には当然エイドがないので、トンネル前のエイドで必ず補給しておくこと。さらにトンネルを抜けてすぐにもエイドがあるのですが、開放感からついそのまま通りすぎてしまう人が多いようです。ただ、その次のエイドがしばらく先なので、ここでも落ち着いて補給しておくこと。「トンネルを制する者は、いわてを制す」と言ってもいいくらいです。

名物エイドは90km地点のおしるこ。ここまできたら、残りあと10km。しっかり食べてゴールに向けてスパートしてください。

この大会は、スタートが北上駅、ゴールが盛岡駅から近く、新幹線でのアクセスがしやすいというのも人気の理由。ゴール後は、温泉行きと盛岡駅行き、2つのシャトルバスが用意されています。温泉からも盛岡行きのシャトルは出ているので、ゴール後はぜひ温泉行きに乗って、温泉にゆっくりつかってから帰りましょう。

5大レース攻略法⑤▼沖縄100Kウルトラマラソン〔MAP▼p.197〕

◉開催日：12月第3日曜　◉開催地：沖縄県島尻郡与那原町、糸満市　◉種目／制限時間／定員：100km／14時間／1000名、23km／8時間／200名　◉F値：1・09

僕は東京から沖縄に移住して本島を走るようになり、走り甲斐があって面白いのに地元ランナーすら知らない未知のコースをたくさん発見しました。その経験を活かしてコース設定したのが、このレースです。沖縄本島南部エリアであり、スタートの与那原町から折り返しの糸満市役所までの海沿いのコースが自慢です。

スタートは早朝5時。沖縄の日の出は本土より遅くて、この時期は7時15分前後。真っ暗ですから、20km地点まではヘッドライトかハンドライトがあった方がよいでしょう。10kmまではほぼフラットですから、設定ペースを堅守。12km地点で初めの上りがあり、その後も小刻みなアップダウンを繰り返します。「聞いてないよ！」と言い訳をしないようにしてください。20km手前から国道331号線をビーチ沿いに南下し、30km手前で奥武島に入ってグルリと一周します。入るときは下りで出るときは上りですが、この上りで歩かないようにしましょう。331号線に戻り、30kmから40kmくらいまでは上って下るうえに、歩道は雑草が生え放題で狭くて走りにくいので気をつけてください。

対照的に折り返し点の糸満市役所を挟んだ45kmから55kmまでは、真っ平らで歩道も広いので設定ペースが守りやすいでしょう。折り返しからは往路を戻りますが、70kmをすぎてから、往路よりも北側のルートに入り、77km地点でコースの最高点である174mのポイントを迎えます。70kmからの上りを終えたら、このコースのクライマックスであるニライカナイ橋へ。南国・沖縄らしいエメラルドグリーンの海を見ながらの下りで、思わず「イェーイ！」と歓声が上がります。ここから90km地点手前までは気持ちよく下って大丈夫。もはやオーバーペースで潰れる心配はありません。90kmからゴールでもあるスタート地点まではフラットな道のりが続きますが、「いつまで経っても着かない！」とカリカリしないで黙って設定ペースを刻んでください。

エイドには沖縄ソバやジューシーおにぎりといった名物が並びますが、いちばん手っ取り早く糖質が補給できるのは黒糖。ルート上には自販機も多いので、小銭を持参して糖質補給を。せっかくはるばる本土から沖縄まで来たのなら、本土ではお目にかかれない《琉球コーラ》（これ効きます）や《ファンタシークワーサー》などを楽しむのもいいでしょう。

12月の本島中南部の平均気温は18・7度。ポイントは、最高気温ではなく風向きです。沖縄では南風だと蒸し暑く、北風が吹くとカラッと爽やか。12月の湿度で20％近くも開きがあり、同じ気温でも体感的には5～10℃も違います。前日の天気予報を要チェックです。

◎5大レースマップ

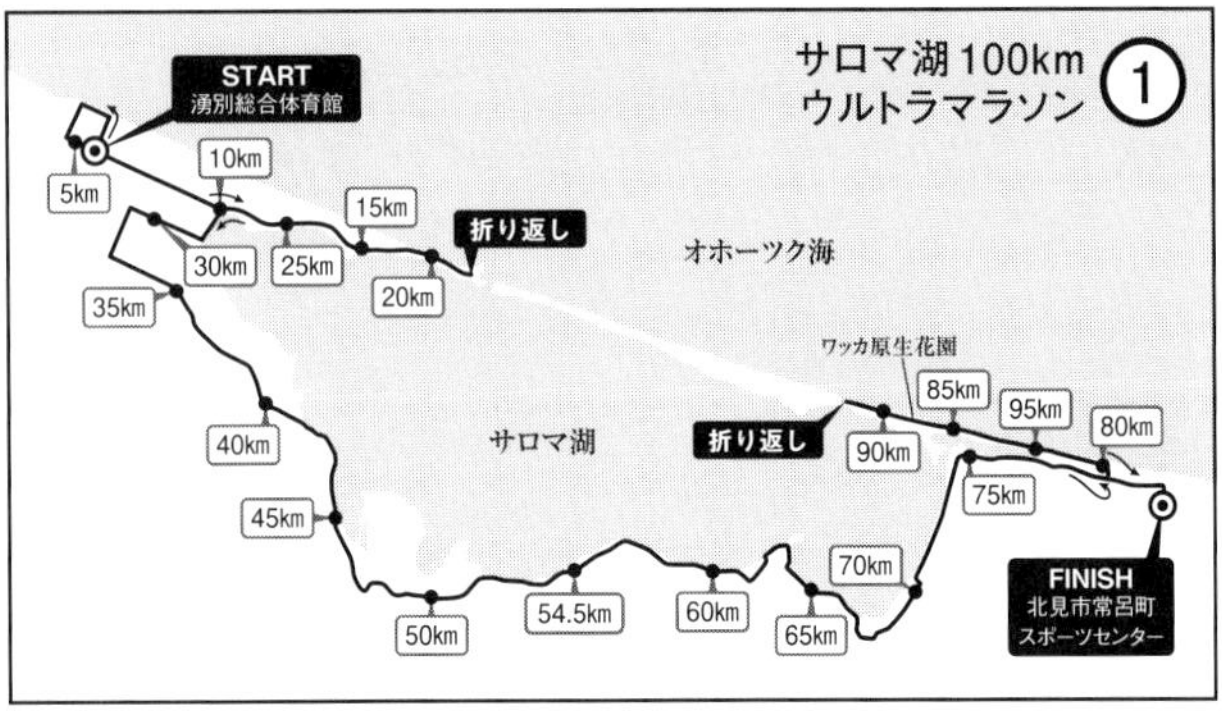
サロマ湖100km
ウルトラマラソン ①
START
湧別総合体育館
5km
10km
15km
折り返し
オホーツク海
30km
25km
20km
35km
ワッカ原生花園
85km
95km
80km
サロマ湖
折り返し
90km
40km
75km
45km
FINISH
北見市常呂町
スポーツセンター
70km
50km
54.5km
60km
65km

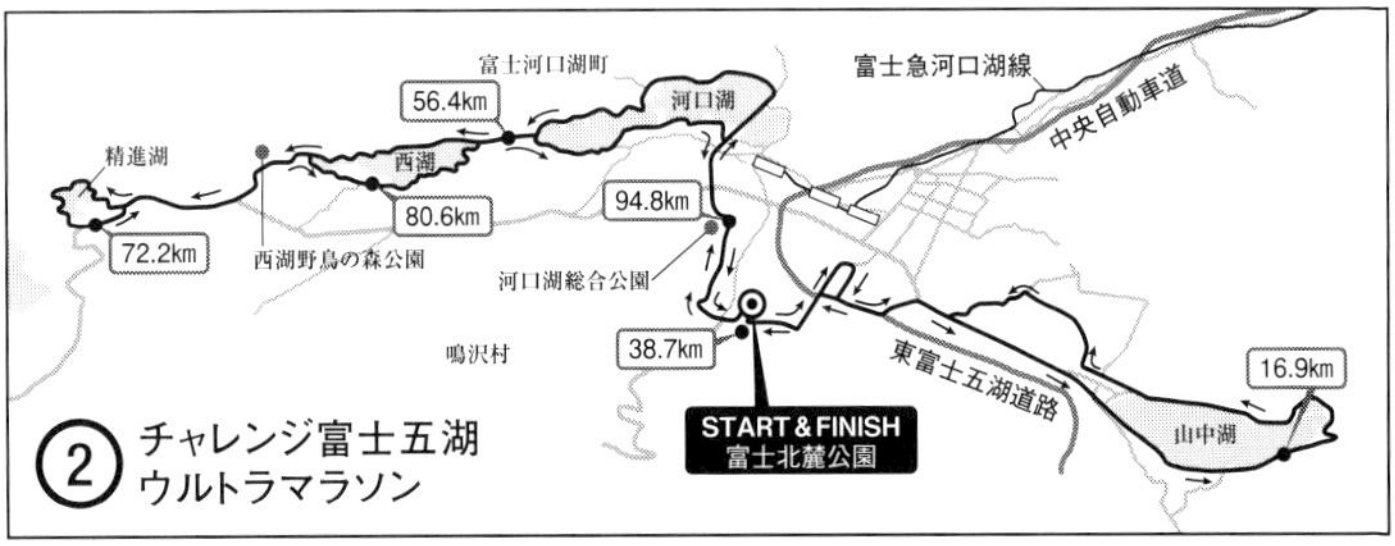
富士河口湖町
富士急河口湖線
56.4km
河口湖
中央自動車道
精進湖
西湖
94.8km
80.6km
72.2km
西湖野鳥の森公園
河口湖総合公園
鳴沢村
38.7km
東富士五湖道路
16.9km
山中湖
START & FINISH
富士北麓公園
② チャレンジ富士五湖
ウルトラマラソン

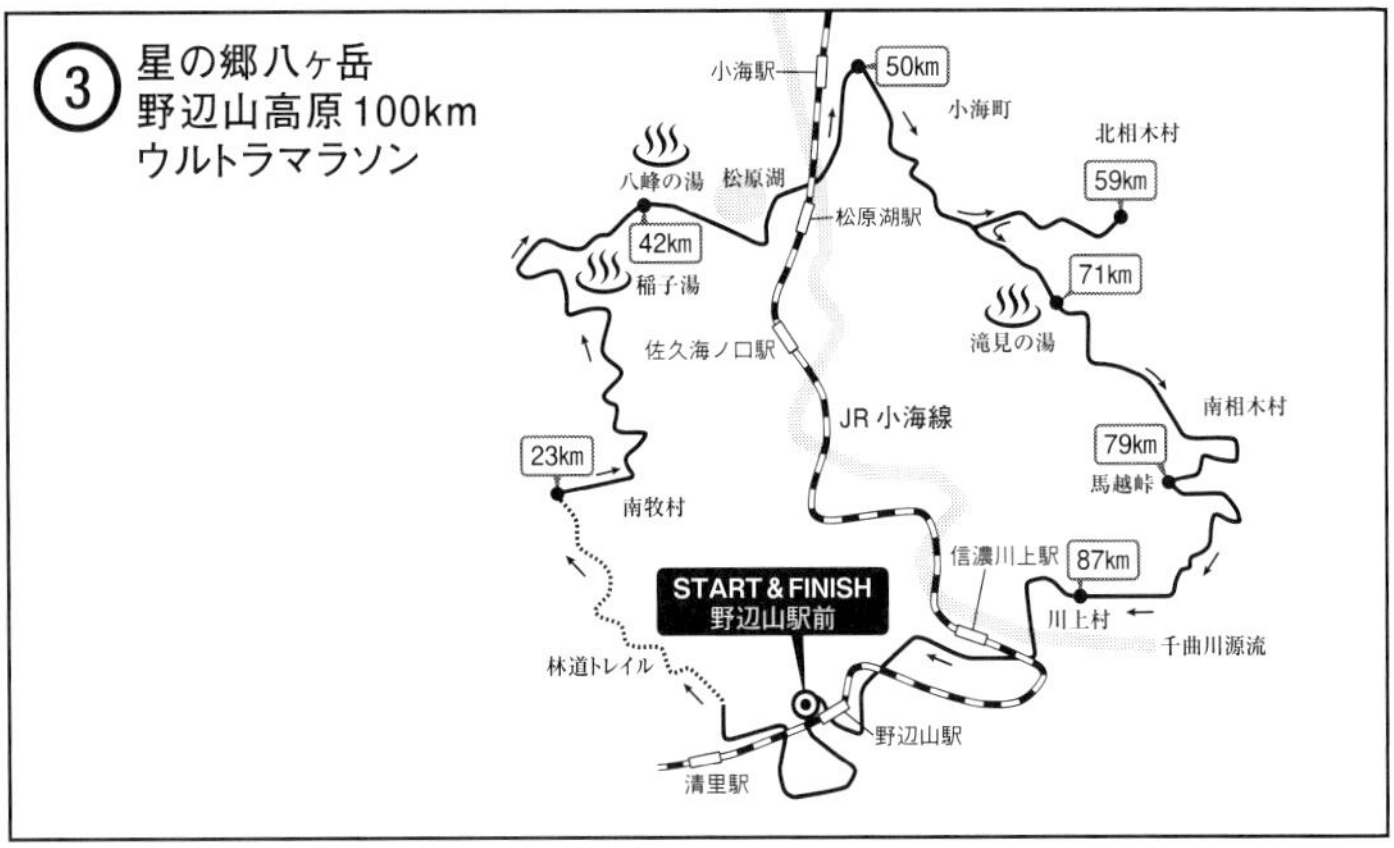
③ 星の郷八ヶ岳
野辺山高原100km
ウルトラマラソン
小海駅
50km
小海町
北相木村
八峰の湯
松原湖
59km
松原湖駅
42km
稲子湯
71km
滝見の湯
佐久海ノ口駅
JR 小海線
南相木村
79km
馬越峠
23km
南牧村
信濃川上駅
87km
START & FINISH
野辺山駅前
川上村
千曲川源流
林道トレイル
野辺山駅
清里駅

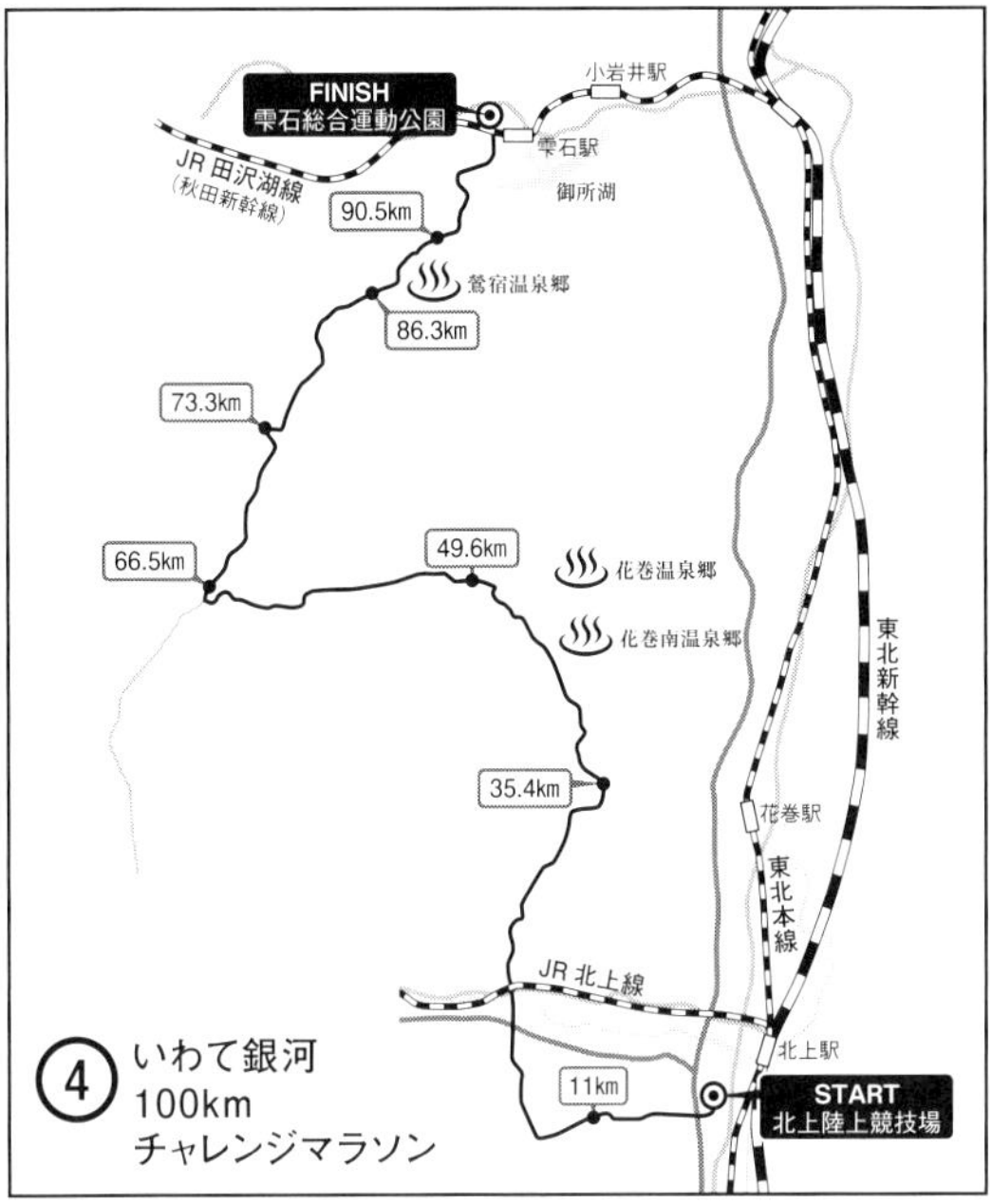
FINISH
雫石総合運動公園
小岩井駅
雫石駅
御所湖
JR田沢湖線
（秋田新幹線）
90.5km
鶯宿温泉郷
86.3km
73.3km
66.5km
49.6km
花巻温泉郷
花巻南温泉郷
東北新幹線
35.4km
花巻駅
東北本線
JR北上線
北上駅
11km
START
北上陸上競技場
④いわて銀河
100km
チャレンジマラソン

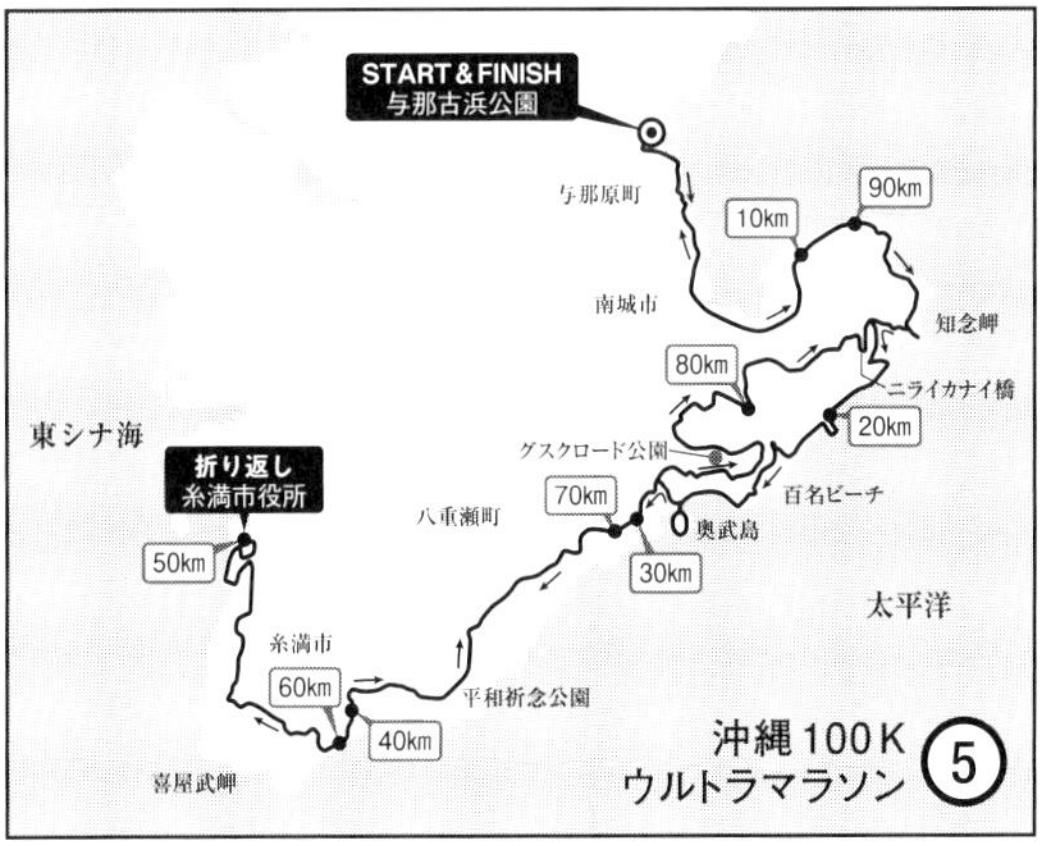
START & FINISH
与那古浜公園
与那原町
10km
90km
南城市
知念岬
80km
ニライカナイ橋
東シナ海
グスクロード公園
20km
折り返し
糸満市役所
百名ビーチ
70km
八重瀬町
奥武島
50km
30km
太平洋
糸満市
60km
平和祈念公園
40km
喜屋武岬
沖縄100K
ウルトラマラソン⑤

	サブ3レベル	補　給
	0:24:18	糖質、スポーツドリンク
	0:48:36	糖質、スポーツドリンク、L-グルタミン、オルニチン
	1:12:54	糖質、スポーツドリンク
	1:37:12	糖質、スポーツドリンク、L-グルタミン、オルニチン
	2:01:30	糖質、スポーツドリンク
	2:25:48	糖質、スポーツドリンク、L-グルタミン、オルニチン、マルチビタミン
	2:50:06	糖質、スポーツドリンク
	3:14:24	糖質、スポーツドリンク、L-グルタミン、オルニチン
	3:38:42	糖質、スポーツドリンク
	4:03:00	糖質、スポーツドリンク、L-グルタミン、オルニチン
	4:27:18	糖質、スポーツドリンク
	4:51:36	糖質、スポーツドリンク、L-グルタミン、オルニチン、マルチビタミン
	5:15:54	糖質、スポーツドリンク
	5:40:12	糖質、スポーツドリンク、L-グルタミン、オルニチン
	6:04:30	糖質、スポーツドリンク
	6:28:48	糖質、スポーツドリンク、L-グルタミン、オルニチン
	6:53:06	糖質、スポーツドリンク
	7:17:24	糖質、スポーツドリンク、L-グルタミン、オルニチン、マルチビタミン
	7:41:42	糖質、スポーツドリンク
	8:06:00	

⦿レベル別100kmラップ表

	サブ4.5レベル	サブ4レベル	サブ3.5レベル	
5km	0:36:27	0:32:24	0:28:21	
10km	1:12:54	1:04:48	0:56:42	
15km	1:49:21	1:37:12	1:25:03	
20km	2:25:48	2:09:36	1:53:24	
25km	3:02:15	2:42:00	2:21:45	
30km	3:38:42	3:14:24	2:50:06	
35km	4:15:09	3:46:48	3:18:27	
40km	4:51:36	4:19:12	3:46:48	
45km	5:28:03	4:51:36	4:15:09	
50km	6:04:30	5:24:00	4:43:30	
55km	6:40:57	5:56:24	5:11:51	
60km	7:17:24	6:28:48	5:40:12	
65km	7:53:51	7:01:12	6:08:33	
70km	8:30:18	7:33:36	6:36:54	
75km	9:06:45	8:06:00	7:05:15	
80km	9:43:12	8:38:24	7:33:36	
85km	10:19:39	9:10:48	8:01:57	
90km	10:56:06	9:43:12	8:30:18	
95km	11:32:33	10:15:36	8:58:39	
100km	12:09:00	10:48:00	9:27:00	

ウルトラマラソンの必勝アイテムリスト

ウルトラはランニングウェアとランニングシューズだけでは走り切ることはできません。あると便利、ないと困るアイテムをまとめましたので、参考にしてください。

- □ **補給用アイテム**：基本中の基本。エナジージェル、アミノ酸、マルチビタミンなど。あらかじめ1回分を小分けにしておくとスムーズな補給が行えて便利です。
- □ **ランニングウォッチ**：設定タイム通りに走っているかを教えてくれるレースの相棒。GPSや心拍数が測れるタイプだと、走行距離や高度、心拍数の変化なども教えてくれます。
- □ **サングラス**：紫外線は疲労感の源。UVカット機能を備えたサングラスは必需品。暑いレースでは寒色系のレンズを選ぶと明るさを抑えて脳を騙し、体感温度が下げられます。
- □ **キャップ**：直射日光を遮り、暑さや眩しさを軽減させます。寒さ対策にも有効です。
- □ **バンダナ＋スポンジ**：暑さ対策で薄切りにしたスポンジをバンダナに巻き込み（イラスト参照）、エイドなどで水をスポンジにしみ込ませて首すじに巻きます。首すじを走る動脈を冷やすと脳がクールダウンされて疲労感が抑えられます。スポンジはキッチン用だと水切れがよすぎるので、保水性の高い洗車用を推奨します。

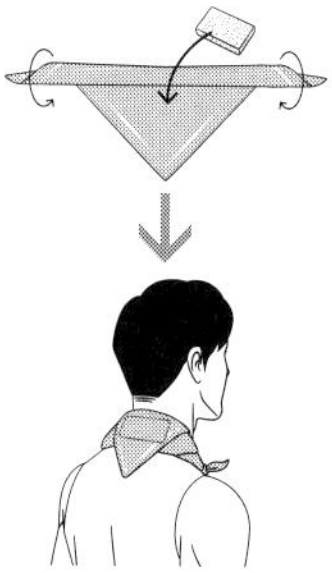

- □ **タイツ**：ふくらはぎを覆うタイプは、筋肉のポンプ作用を助けて血液循環を促します。ただし膝関節を覆うようなタイプは筋肉の可動域を狭めるデメリットもあります。
- □ **ポケッタブルの雨合羽**：雨対策、寒さ対策に。捨てても惜しくない100均製で十分。
- □ **使い捨てビニール手袋**：ランニンググローブの上から着用して寒さと雨対策。
- □ **ウェットティッシュ**：顔や首すじを拭くとリフレッシュできます。トイレ後にも重宝。
- □ **ジッパー付き食品保存袋**：スマホや現金など濡れては困るものを収納します。ラップ表、飲み物代のコインも一緒に入れて、折り畳んでウェアのポケットに収納します。
- □ **耳栓**：レース前日の宿泊先の騒音対策に耳栓が役立つこともあります。
- □ **携帯用折り畳み椅子**：レース前日の立ちっぱなし、歩きっぱなしを未然に防ぎます。
- □ **携帯用加湿器**：ホテルなどの客室は乾燥しすぎで体調を崩しがち。フロントで借りられない場合、小型加湿器を持参して加湿します。濡れタオルを空調の吹き出し口に干す手もあります。
- □ **胃腸薬**：ウルトラマラソンは食べるスポーツ。胃腸が万全でないと補給に失敗する恐れがあります。腹痛を起こすこともありますから、万一の不具合に備えて胃腸薬を持参。
- □ **サンダル**：レース直後、シューズを脱いでサンダルに履き替え、足の疲れを解消します。

超ウルトラマラソンへの招待

巻末付録

13-WEEK
ULTRAMARATHON
TRAINING PROGRAM

100㎞を10時間半で走れたら、超ウルトラに挑む価値アリ

フルを何度か走っているうちに物足りなくなり、ウルトラに挑戦したくなるように、ウルトラを何度か走っているともう100㎞では満足できなくなります。そうなったときは、100㎞を超える超ウルトラにチャレンジする好機です。ウルトラでフルのタイムが速くなる可能性があるように、超ウルトラをやっていると100㎞が通過点になりますから、ウルトラが速くなる可能性もあります。

目安としては100㎞を10時間半以内で走れるようになり、「何があっても最後まで走り抜く」という覚悟が決められたら、超ウルトラの門を叩く基礎的な走力とメンタルは備わっているはず。超ウルトラの入門レースとして国内で有名なのは、名古屋と金沢を結ぶ全長250㎞のさくら道国際ネイチャーランです。このレースを制限時間の36時間以内にゴールできたら、スパルタスロンのようにより競技性の高いコンペティティブなレースに出場しても、本物の超ウルトラの手強さを楽しめるようになるでしょう。

丸一日以上かかる超ウルトラになると予期せぬトラブル満載で「レースはトレース」とは言えなくなります。さらにコースも、ウルトラ以上に大会によるバリエーションがさま

ざまになります。たとえば、代表的な超ウルトラであるスパルタスロンは全長246kmですが、全長217kmと30km近く短いバッドウォーターとトップ選手のゴールタイムはほとんど同じなのです。万人に通用する練習法がないとしたら、超ウルトラランナーたちの個人的な体験を参考にするほかありません。そこで『club MY☆STAR』の超ウルトラランナー10名にアンケートを実施。世界トップクラスの男性ランナーから、涼しい顔をしてしっかり強い女性ランナーまでに、必殺の練習法、レースの成功エピソードや失敗エピソード、超ウルトラを続けている原動力などについて自由に語ってもらいました。ウルトラから超ウルトラに踏み出そうとするランナーには、参考になる部分が多いはずです。

最後に、僕自身がスパルタスロンやバッドウォーターに出場するときに行っている練習法を公開しています。

そこで金曜から土曜にかけて夜間走を行う理由は、2つあります。一つ目は競技時間が長い超ウルトラは夏場に行われる大会が大半（↑冬場にオーバーナイトのレースを行うのは参加者にとってリスクが高く、運営に大きなコストがかかります）であり、出場に備えて国内で練習する時期も暑い季節と重なります。真っ昼間にロング走をするのはダメージが大きいので、日が落ちた夜間に長い距離を踏むのです。そしてウルトラと違って超ウルトラは本番でも夜通し走りますから、その実践的な練習にもなっています。

『club MY☆STAR』
超ウルトラランナーの練習法

01 西村周之《にしむらひろゆき》

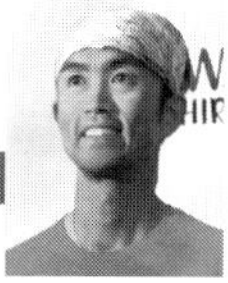

プロフィール

男性、47歳（1970年2月15日生まれ）、自営業

【走り始めたきっかけ】職場の先輩に誘われて（←岩本註：先輩って僕です）。

【ウルトラマラソンを始めたきっかけ】ランニング仲間に誘われたから。

【超ウルトラを始めたきっかけ】超ウルトラのレースに参加した人たちの話をたくさん聞いて影響を受けたからです。

これまでのおもな記録

【初フル／タイム】ホノルルマラソン（1992年）／7時間48分46秒

【初ウルトラ／タイム】三島楽走会60キロ耐久レース（2001年）／6時間33分1秒

【フルのベストタイム】2時間39分12秒（2010年、別府大分毎日マラソン）

【ウルトラのベストタイム】7時間47分47秒（2009年、チャレンジ富士五湖100㎞の部（←岩本註：優勝！　初フルのタイムとほぼ同じです！）

【超ウルトラのベストタイム・最長距離】31時間40分46秒（2008年、スパルタスロン）、32時間41分22秒（2016年、バッドウォーター）、231.067㎞（2005年、24時間走アジア選手権台北大会）

【これまで走ったフルの数】40本

【これまで走ったウルトラの数】25本

【これまで走った超ウルトラの数】29本（24時間走8本を含む）

MYトレーニング＆オピニオン

【ランナーとしての目標】60歳までサブ3、World Classic 6レース完走。

【登山に例えるとランナーとしていまは上り・下りの何合目か】下りの5合目

【必殺の練習法】100㎞の場合⇒皇居ビルドアップ走20㎞＋峠走42㎞＋皇居ビルドアップ走20㎞を3日でこなす。超ウルトラの場合⇒峠走60㎞＋平地80㎞を

2日でこなす。

【**必殺のレースアイテム**】《SPORTS OXYSHOT》（高濃度酸素水）

【**レースの成功エピソード**】イメージ通りに通過タイムや補給がこなせたこと。

【**レースの失敗エピソード**】体調がよく走りに集中しすぎて、サプリや水分を摂り忘れてしまい、水分不足とハンガーノックになってしまったこと。

【**超ウルトラを続けている原動力**】過酷であればあるほど、ゴールしたときに達成感が大きいからです。

【**あなたのライバル**】他人と争うのは苦手で、同じレースを走っている仲間は目標。最大のライバルは過去の自分自身です。

【**今後挑戦したいレース**】ウェスタンステイツ・エンデュランスラン

【**ウルトラ、超ウルトラで得たもの、失ったもの**】得たものは集中力、粘り強さ、継続性。失ったものはとくにありません。

【**自己顕示欲を10段階で評価すると？**】7

【**これからウルトラ、超ウルトラを始める人へのメッセージ**】カラダのケアと食事を大事にしてもらいたい。そして寿命の長い選手になってください。

02 境《さかい》　祐司《ゆうじ》

プロフィール

男性、48歳（1968年9月26日生まれ）、会社員

【**走り始めたきっかけ**】学生の頃はテニスをしていたが、もともと走るのは好きだったので、社会人になったら走ろうと決めていました。

【**ウルトラマラソンを始めたきっかけ**】学生のときにテレビで間寛平さんがスパルタスロンを完走したドキュメンタリー番組を見て憧れました。

【**超ウルトラ**】同上です。

これまでのおもな記録

【**初フル／タイム**】勝田全国マラソン（1994年）／3時間55分00秒

【**初ウルトラ／タイム**】チャレンジ富士五湖118kmの部（1997年）／100kmで棄権。100km地点のタイムは8時間54分51秒

【**フルのベストタイム**】2時間29分15秒（2000年、びわ湖毎日マラソン）

【ウルトラのベストタイム】7時間29分20秒（2004年、チャレンジ富士五湖100㎞の部、優勝）

【超ウルトラのベストタイムと最長距離】24時間22分24秒（2011年、スパルタスロン、2位）、31時間25分53秒（2012年、山口100萩往還マラニック）、264.389㎞（2008年、24時間走世界選手権ソウル大会、3位）

【これまで走ったフルの数】73本

【これまで走ったウルトラの数】64本

【これまで走った超ウルトラの数】25本

MYトレーニング＆オピニオン

【ランナーとしての目標】年老いてもできるだけ長く走り続けること。

【登山に例えるとランナーとしていまは上り・下りの何合目か】下りの7合目

【必殺の練習法】奥武蔵での峠走60㎞、東海道での夜間走90㎞、皇居ビルドアップ走15㎞、トレッドミルでのスピード練習（時速17～17.5㎞で10㎞）

【必殺のレースアイテム】豆乳

【レースの成功エピソード】初めて2時間半を切ったフルマラソンでは、それまでは後半極端にペースが落ちたが、練習の成果でそれほど落ちずに最後まで走り通せました。スパルタスロンで2位になったときは練習で走り込みができて、当日の気象条件にも恵まれたため、最後まで潰れずに走れました。

【レースの失敗エピソード】超ウルトラのレースでは、最初からつっこんで潰れて心が折れて棄権することが数多くあります。

【超ウルトラを続けている原動力】記録への執念。記憶に残るより、僕は記録を残したい。

【あなたのライバル】同世代のチームメートたち

【今後挑戦したいレース】バッドウォーター

【ウルトラ、超ウルトラで得たもの、失ったもの】得たものはチームの仲間と世界で戦うという栄誉、失ったものはとくになし。

【自己顕示欲を10段階評価すると？】9

【これからウルトラ、超ウルトラを始める人へのメッセージ】ウルトラでは誰もがヒーローになれます。それぞれの夢を持って挑戦してください。苦しみもあるけれど喜びの方がずっと大きいです。

03 鈴木《すずき》 誠《まこと》

プロフィール

男性、49歳（1967年5月5日生まれ）、翻訳家

【走り始めたきっかけ】独立して通勤がなくなり、運動不足になったため。

【ウルトラマラソンを始めたきっかけ】何か大会に出ようと思って雑誌を買ったところ、大会一覧にウルトラマラソンがいくつか掲載されていて「やるならこれだ！」と思った。

【超ウルトラを始めたきっかけ】ウルトラをやるなら、やはりスパルタスロンだなと最初から思っていた。それに以前、スパルタスロンを走る能登渡貴枝さん（その頃は旧姓船田さん、2004～05年のスパルタスロン連覇）のテレビ番組を見て大会自体を知っていた。

これまでのおもな記録

【初フル／タイム】佐倉朝日健康マラソン大会（2000年）／3時間51分58秒

【初ウルトラ／タイム】皇居マラソン（50㎞、1999年）／4時間19分35秒

【フルのベストタイム】2時間44分32秒（2009年、つくばマラソン）

【ウルトラのベストタイム】7時間45分58秒（2008年、サロマ湖100㎞）

【超ウルトラのベストタイム・最長距離】26時間51分19秒（2008年、スパルタスロン←岩本註：スパルタスロンに10回出て10回完走という強者。しかも世界で4組しかいない夫婦での完走者。さらに夫婦ともども6位以内に入った経験あり）、25時間29分（2007年、さくら道国際ネイチャーラン←岩本註：1位！）

【これまで走ったフルの数】37本

【これまで走ったウルトラの数】94本

【これまで走った超ウルトラの数】56本

MYトレーニング&オピニオン

【ランナーとしての目標】生涯現役でいること。

【登山に例えるとランナーとしていまは上り・下りの何合目か】下りの8合目（ただし、その先にもう1つのピークがあると信じたい）

【必殺の練習法】自宅から筑波山まで往復のアップダウン走120㎞。でも、ここ数年間はまったく走れていません。

【必殺のレースアイテム】L-グルタミン、下痢止め用の《正露丸》

【レースの成功エピソード】初めて出場したケベックでの24時間走世界選手権大会。猛暑になると予想されていたので、日本人選手男女の中で最後尾からスタート。あえて序盤を抑えることにより、体力を温存し、中盤からのごぼう抜きにつながりました。最終的に世界6位。団体金メダルに貢献することができた完璧な走りでした。

【レースの失敗エピソード】優勝を狙っていたさくら道国際ネイチャーラン。夜間走行に使うヘッドライトを、間違って予定した地点より先のエイドに預けてしまった。途中で気がついて、真っ暗になる前にライトを手に入れようと、中盤の山道から20km以上猛ダッシュ。なんとか明るいうちにライトを受け取ったが、余計な体力を使ったしっぺ返しがその後待っていました……。

【超ウルトラを続けている原動力】好きだから。そしてスピードがなくても続けられるから。

【あなたのライバル】たくさんいて、みなさんを尊敬していますが、あえて一人だけ名前を挙げるなら、境祐司選手。

【今後挑戦したいレース】とくになし。まだまだ極めたい大会があります。

【ウルトラ、超ウルトラで得たもの、失ったもの】得たものは満足感、仲間、家族、人生の喜び。失ったものは時間とお金です。

【自己顕示欲を10段階で評価すると？】8

【これからウルトラ、超ウルトラを始める人へのメッセージ】ウルトラに出る前は、体力があり余っている超人が走るものだと勘違いしていました。ハーフやフルを「走り切る」体力がない人でも、途中歩きながら、時間をたっぷり使って走れるのが魅力です。各地の大会に参加して知り合いが大勢できました。「走ってばっかりいると結婚できないぞ」と親から忠告されましたが、そんなことはなく、自分と同じような超ウルトラ好きの嫁さんと一緒になることもできました。現在、頭痛が慢性化してウルトラを高速で走り切ることはできなくなっていますが、いつかまた思う存分走れる日が来ると夢見て、自分にできる範囲内で走り、大会に参加し、楽しんでいます。大会だけでなく、普段車でしか行かない町、山、川などに自分の脚でふらっと行ってみるのも楽しいですよ。スピードとはまた違ったスケールと風景が待っている超ウルトラの世界に、一度飛び込んでみてください。

04 佐藤《さとう》　弘《ひろし》

プロフィール

男性、48歳（1968年8月3日生まれ）、医師

【走り始めたきっかけ】ダイエット目的です。

【ウルトラマラソンを始めたきっかけ】精神面も身体的にも、フルマラソンに役立ちそうだと思ったからです。

【超ウルトラを始めたきっかけ】100kmを速く走るためには、もっと距離が必要だと思ったから。

これまでのおもな記録

【初フル／タイム】河口湖日刊スポーツマラソン（2005年、現富士山マラソン）／3時間21分9秒

【初ウルトラ／タイム】えちご・くびき野100kmマラソン（2010年）／タイム10時間28分

【フルのベストタイム】2時間59分00秒（2012年、東京マラソン2012）

【ウルトラのベストタイム】8時間56分19秒（2015年、サロマ湖100km←岩本註：普通に走ると7時間台のベストが出るはず。フルも50本走ってサブ3が3回だけだから、僕と違って欲がないのかもしれません）

【超ウルトラのベストタイム・最長距離】34時間14分11秒（2015年、スパルタスロン）、20時間39分41秒（2014年、雁坂峠越え秩父往還142km）、15時間55分48秒（2014年、大江戸ナイトラン111km）

【これまで走ったフルの数】約50本

【これまで走ったウルトラの数】約30本

【これまで走った超ウルトラの数】4本

MYトレーニング&オピニオン

【ランナーとしての目標】スパルタスロンの30時間切り。

【登山に例えるとランナーとしていまは上り・下りの何合目か】上りの9合目半

【必殺の練習法】2日間連続の強化練。30km走＋ハーフマラソンやウルトラレース＋ハーフマラソンをしたこともあります。

【必殺のレースアイテム】胃腸が調子が悪くても摂取できるジェル。自分の場合

は《メダリスト エナジージェル》のリンゴ味。

【レースの成功エピソード】初ウルトラレースは10時間28分でしたが、後半40㎞はキロ6分で走れたから、誰にも抜かれずに抜く一方であり、また最後の1㎞はキロ4分30秒まで上げられてとても気持ちよかったです。ウルトラにはまるきっかけになりました。

【レースの失敗エピソード】スパルタスロン2015の後半約50㎞は歩行メイン。足も呼吸も限界感があり、200㎞超は別物であると痛感しました。

【超ウルトラを続けている原動力】完走したときのちょっとした満足感。

【あなたのライバル】自分の心です。

【今後挑戦したいレース】スパルタスロンに再挑戦したいです。

【ウルトラ、超ウルトラで得たもの、失ったもの】得たものは動揺しない、折れない心、それに日常的な健康への配慮。失ったものはお金と時間。

【自己顕示欲を10段階で評価すると？】6

【これからウルトラ、超ウルトラを始める人へのメッセージ】いろいろな大会に出ましたが､多くのトラブルはマネジメントで回避できると思います。たとえば、事前にエイドの提供物一覧からレース後半のエイドがプアだとわかっていれば、足りない分自分で用意すれば補給不足による失速は避けられます。ペースメイク、服装、補給といった工夫や対応次第でタイムも走りも変わります。トレーニング、マネジメントなどの総合力が試されるウルトラマラソンは単なる体力勝負でなく、究極的な知的ゲームでもあると思います。

05 前島周子《まえじましゅうこ》

プロフィール

女性、49歳（1968年1月5日生まれ）、建築士

【走り始めたきっかけ】40歳を前に集中力と体力の低下を感じたので。39歳で始めました。

【ウルトラマラソンを始めたきっかけ】周囲に流されて。『club MY☆STAR』内の風潮（笑）。みんなが楽しそうだったので、やってみたくなりました。ウルトラをやるとフルが速くなるとも言われてその気になりましたが、成果はまだ出ていません……。

【超ウルトラを始めたきっかけ】トレイルで新しい挑戦をしたくって、人気の信越五岳（110km）でトレイルレースデビューを派手に飾りたかったからです。

これまでのおもな記録

【初フル／タイム】ホノルルマラソン（2007年）／5時間13分41秒
【初ウルトラ／タイム】サロマ湖100km（2013年）／10時間20分45秒
【フルのベストタイム】3時間31分57秒（2013年、板橋cityマラソン）
【ウルトラのベスト】9時間42分15秒（2016年、サロマ湖100km）
【超ウルトラのベストタイム・最長距離】15時間51分41秒（2016年、信越五岳トレイルランニングレース←岩本註：荒天のため103kmに変更）
【これまで走ったフルの数】18本
【これまで走ったウルトラの数】7本（100km 4本、71km 2本、6時間走1本57km）
【これまで走った超ウルトラマラソンの数】1本（←岩本註：ですが、僕のバッドウォーターのサポートクルーを何度も務めてくれています。感謝）

MYトレーニング＆オピニオン

【ランナーとしての目標】タイム更新を通して自分の進化を感じたい。さらにタイムだけでなく爽やかに軽やかにカッコよく走りたい。

【登山に例えるとランナーとしていまは上り・下りの何合目か】上り8.5～9合目辺り。もうあまり伸びしろはないような気がするけれど、まだ少しはいけるかな。

【必殺の練習法】レースペースのロング走を繰り返し、ひらすら数をこなします。本番と同じようなことができると自信にもなるし、レース戦略の目処になる。

【必殺のレースアイテム】チームTシャツ（みんなも頑張っていると思える）、シューズやウェアに合わせたネイルアート（テンションを上げる）、《ポンジュース》（好きなものを摂ると元気になる。補給が苦手なので、飲み物でもカロリーなどを摂るようにしている。最近はジュースにジェルを混ぜて摂ることも多い）

【レースの成功エピソード】初めてサロマでサブ10したときは、レースペースのロング走を中心に練習をしました。その結果、本番でも淡々とそのペースで走り切れて、予想タイム＋1分30秒とほぼ予定通り走れました。

【レースの失敗エピソード】2016年のサロマ。10km地点でジェルを摂ってから気持ち悪くなり、その後の補給がうまくできませんでした。寒い日の夜間走でも同じ症状になった体験があり、寒さ（終始雨にも降られていました）で内臓が動かなかったのではないかと先輩に指摘されて納得。私設エイドに白湯があったとあとで聞いて、それを摂っていたら少しは違ったかなぁと思いました。

【超ウルトラを続けている原動力】楽しいから。単純に好きなんだと思います。あとフルの方が元々の身体能力の差が影響しやすく、ウルトラはフルよりも練習量や努力が成果に反映しやすいと感じています。その自分次第感が面白い（ウルトラのレース経験が少ないので、まだ大失敗レースがないからそう思うのかもしれませんが）。

【あなたのライバル】今日の自分（今日をサボらず練習を積んで成果を出し、自分はちゃんとできるんだ、という自信、自己満足を得たいという思いが強いです）。

【今後挑戦したいレース】①サロマ（もう少し記録に挑戦したい）、②走れる系のロングトレイル（たとえば信越五岳のような。上位を狙えるような。海外レースも興味あり）、③超ウルトラ（100マイラーにはなってみたいですね）。

【ウルトラ、超ウルトラで得たもの、失ったもの】得たものは自分のカラダを管理する楽しさ、自分の脚で遠くまで行ける面白さ、ウルトラ遠足的な楽しい遊び、夢中になれる趣味。失ったものは他に使う余暇の時間が減ったこと（休日はほぼラン絡み）。あとヒールを履くという選択肢（疲れたり痛めたりしそうで年1～2回しか履かなくなりました）。

【自己顕示欲を10段階で評価すると？】8？（高めであるとは思います。自分に対して自分はできる子だと示して自信を持ちたいし、人から評価されると俄然やる気が湧くし、単純に気持ちいい。ただ、周囲に評価されなくてもそれをバネに「見返してやるー！」とがむしゃらにはならないので8くらい）

【これからウルトラ、超ウルトラを始める人へのメッセージ】きっと楽しいから、少しでも興味があるならぜひ足を踏み入れてみてほしい。私は何も考えずに自然の流れで入ったので、実はそんなに構えなくても始められるもの。タイムを狙うだけではない楽しみ方も多いと思います。ほぼ一日中レースで競技時間が長いので、準備段階もレース中も考えることがいろいろあって楽しいです。自分はこんなタイプだったんだという気づきなんかもあって面白い。長い分、フルよりもよりセルフマネジメントが必要でその辺も楽しいし、レース中の知らないランナーとの同志感みたいなものも好き（声を掛け合ったりすることがまああります。エイドや沿道の方とも。これはフルではあまりできない体験です）。

06 赤羽海衆《あかばひろとも》

プロフィール

男性、46歳（1970年6月3日生まれ）、僧侶

【走り始めたきっかけ】20代の頃に保持していたような体力を取り戻したいと思ったため（←岩本註：確か子どもの運動会で転んだのがきっかけです）。

【ウルトラマラソンを始めたきっかけ】『club MY☆STAR』のウルトラを走る仲間に刺激を受けたから。

【超ウルトラを始めたきっかけ】24時間走の日本代表に選出されたいと思ったためです。

これまでのおもな記録

【初フル／タイム】かすみがうらマラソン（2009年）／3時間38分23秒

【初ウルトラ／タイム】えちご・くびき野100kmマラソン（2010年）／9時間20分21秒

【フルのベストタイム】2時間40分23秒（2012年、別府大分毎日マラソン）

【ウルトラのベストタイム】8時間12分01秒（2014年、えちご・くびき野←岩本註：このレースは超エグいので、サロマ湖あたりなら7時間台で走れます）

【超ウルトラのベストタイム・最長距離】25時間59分00秒（2016年、さくら道国際ネイチャーラン←岩本註：スパルタスロンに匹敵する超ウルトラ。しかもこの年は暴風雨で中止になり、4名しかゴールできませんでした。そのうちの3名が赤羽さん、木曽さん、小谷さん）、243.781km（2013年、神宮外苑24時間チャレンジ）

【これまで走ったフルの数】10本

【これまで走ったウルトラの数】15本

【これまで走った超ウルトラの数】8本

MYトレーニング&オピニオン

【ランナーとしての目標】ランニングの習慣を失わず、高齢になっても走り続けることです。

【登山に例えるとランナーとしていまは上り・下りの何合目か】上りの7合目

【必殺の練習法】超ウルトラ対策で2日間で150km以上、3日間なら200km以上のロング練。

【必殺のレースアイテム】L-グルタミン、《c3fitゲーター》(段階的着圧機能を持つゲーター)

【レースの成功エピソード】さくら道国際ネイチャーラン(250km)ではゴールまでの距離を一切考えないようにしました。走る目標は次のエイドまでとして、残り○○kmでゴールという意識は絶対持たないようにしました。そうすることにより、ゴールまでの気が遠くなるような距離を脳が意識せずに済み、最後まで潰れずに走り切れたのだと思います。

【レースの失敗エピソード】フルでもウルトラでもハイペースで入ったレースは100%失敗しています。

【超ウルトラを続けている原動力】良いレースができたあとに、仲間から受ける称賛。

【あなたのライバル】木曽哲男選手

【今後挑戦したいレース】バッドウォーター

【ウルトラ、超ウルトラで得たもの、失ったもの】得たものは自己満足感、失ったものは仕事や家族のために費やすべきであった時間。

【自己顕示欲を10段階で評価すると?】1

【これからウルトラ、超ウルトラを始める人へのメッセージ】フルよりもウルトラ、ウルトラよりも超ウルトラと走る距離が延びれば延びるだけ、ゴール後の達成感、満足感、解放感は強くなるものです。長い距離は確かに辛いかもしれませんが、ウルトラは走った者、走れた者だけにしかわからない喜びをもたらしてくれる競技だと思います。

07 木《き》曽《そ》哲《てつ》男《お》

プロフィール

男性、48歳(1968年5月1日生まれ)、研究者

【走り始めたきっかけ】新しく住んだ土地で地元開催のハーフマラソンがあり、それに出てみようと思ったのがきっかけです。

【ウルトラを始めたきっかけ】『club MY☆STAR』に出合ったこと。

【超ウルトラを始めたきっかけ】『club MY☆STAR』でスパルタスロンの存在を知ったことです。

これまでのおもな記録

【**初フル／タイム**】つくばマラソン（2006年）／2時間58分28秒

【**初ウルトラ／タイム**】星の郷八ヶ岳野辺山高原の71kmの部（2008年）／5時間53分59秒）、サロマ湖100km（2008年）／7時間56分29秒

【**フルのベストタイム**】2時間38分25秒（2012年、別府大分毎日マラソン）

【**ウルトラのベストタイム**】7時間31分46秒（2009年、サロマ湖100km）

【**超ウルトラのベストタイム・最長距離**】26時間36分23秒（2012年、スパルタスロン←岩本註：総合2位です）、24時間47分（2016年、さくら道国際ネイチャーラン）、26時間26分12秒（2014年、UTMF）、259.708km（2013年、神宮外苑24時間チャレンジ←岩本註：総合2位です）

【**これまで走ったフルの数**】52本

【**これまで走ったウルトラの数**】39本（フル以上100kmまで、トレイル含む、時間走含まず）

【**これまで走った超ウルトラの数**】14本（100km以上、トレイル含む、時間走含まず）

MYトレーニング&オピニオン

【**ランナーとしての目標**】ロード、トレイル問わず活躍できる超ウルトラのレジェンドになることです。

【**登山に例えるとランナーとしていまは上り・下りの何合目か**】100km以下は下り6合目、超ウルトラは上り7合目。

【**必殺の練習法**】夜間走（東京～御殿場間の120km）

【**必殺のレースアイテム**】《ニューハレ》、カラダの前後にゼッケンを取り付けられるよう改良したウエストポーチ。

【**レースの成功エピソード**】2010年のチャレンジ富士五湖にて。前とはだいぶ差を開けられていたが、「何が起きるかわからない」と諦めないで追っていたら2位のランナーがコースロスト、1位のランナーが最後に潰れて逆転優勝できました。

【**レースの失敗エピソード**】2014年のスパルタスロンにて。200kmをすぎてから脚の痛みで走ることはおろか早歩きさえできなくなり、残り40kmを8時間歩き倒して何とかゴールした。

【**超ウルトラを続けている原動力**】刺激的な目標の存在。

【**ライバル**】いません。人と競うものではないと思っているので。

【**今後挑戦したいレース**】バッドウォーター、2018年もしくは2019年のUTMB、2019年もしくは2018年のスパルタスロン、ウェスタンステイツ・エンデュランスラン、グラン・レイド・レユニオン

【**ウルトラ、超ウルトラで得たもの、失ったもの**】得たものは限られた人にしか知りえない世界を見たという経験。失ったものはありません。他のことは優先順位を下げただけ。

【**自己顕示欲を10段階で評価すると？**】6

【**これからウルトラ、超ウルトラを始める人へのメッセージ**】昨今のランニングブームでウルトラを走る人が急増した結果、無謀な挑戦をするランナー、自分のことで精一杯なのか大会スタッフに噛みついたり、声を掛けられても無視したりするようなランナーもちらほら見かけるようになりました。ウルトラはフルのような短距離とは違って、楽な気持ちで走らないと。自分自身だけでなく、他者に配慮できるくらいの余裕をもって走れるだけの実力をつけてから挑戦しても決して遅くはありませんよ。

08 高槻淳子《たかつきじゅんこ》

プロフィール

女性、45歳（1972年4月11日生まれ）、主婦

【**走り始めたきっかけ**】ダイエット目的です。

【**ウルトラマラソンを始めたきっかけ**】ランニング雑誌の企画でウルトラマラソン初挑戦の人を募集していたので応募したら、メンバーに選ばれました。

【**超ウルトラを始めたきっかけ**】100マイルレースに挑戦したくなって。

これまでのおもな記録

【**初フル／タイム**】ホノルルマラソン（2007年）／4時間19分32秒

【**初ウルトラ／タイム**】宮古島100㎞ウルトラ遠足（2009年）／10時間51分57秒

【**フルのベストタイム**】3時間15分14秒（2013年、名古屋ウィメンズマラソン）

【**ウルトラのベストタイム・最長距離**】10時間27分56秒（2015年、阿蘇カルデラスーパーマラソン100㎞の部←岩本註：走力的にはサブ10になるポテンシャ

ルは十分です）
【超ウルトラのベストタイム】16時間17分19秒（2016年、信越五岳トレイルランニング）
【これまで走ったフルの数】29本
【これまで走ったウルトラの数】11本
【これまで走った超ウルトラの数】1本

MYトレーニング＆オピニオン

【ランナーとしての目標】強いランナーになることです。
【登山に例えるとランナーとしていまは上り・下りの何合目か】難しい質問です。下りの9合目にしておきます。
【必殺の練習法】峠走タイムトライアル（←岩本註：26kmの峠走の上り13kmを70分以内に走り切る練習です）
【必殺のレースアイテム】応援の声
【レースの成功エピソード】岩本さんに相談してメニューを作ってもらい、その通り練習したらハーフで目標としていた90分切りができました。その時いちばん効いた練習が峠走70分切り。
【レースの失敗エピソード】前半突っ込んで後半大撃沈とか、補給が足りなかったとか……失敗だらけで、短くまとめられません。
【超ウルトラを続けている原動力】お楽しみ旅行も兼ねて、年に一度毎回異なる大会に参加しています。
【あなたのライバル】自分自身
【今後挑戦したいレース】100マイルレース
【ウルトラ、超ウルトラで得たもの、失ったもの】得たものはカラダの声を聞きながら走れるようになったこと。失ったものは肌の白さ……。
【自己顕示欲を10段階で評価すると？】5か6くらいです。
【これからウルトラ、超ウルトラを始める人へのメッセージ】ウルトラマラソンはフルマラソンの倍以上の距離・時間を走り続けることになります。その長い時間を辛い時間にするか、心に残る時間にするかは走る人次第です。フルもそうですけれど、ウルトラは特に、練習なしには気持ちよく走ることができないと思います。この岩本さんの本に習い、きちんと準備・練習して臨んでもらえたらなと思います。そして楽しむ気持ちを忘れずに走ってくださーい!!

09 向江《むかえ》 司《つかさ》

プロフィール

男性、43歳(1975年10月22日生まれ)、自営業

【走り始めたきっかけ】子どもの保育園の迎えで歩いているうちに。

【ウルトラマラソンを始めたきっかけ】『club MY☆STAR』に入会したから。

【超ウルトラを始めたきっかけ】岩本さんに「やらないと死刑」と言われて。

これまでのおもな記録

【初フル/タイム】NAHAマラソン(2013年) / 4時間42分35秒

【初ウルトラ/タイム】サザンコースト沖縄100試走会(2015年) / 11時間13分54秒

【フルのベストタイム】2時間51分10秒(2019年、姫路城マラソン)

【ウルトラのベストタイム】8時間39分53秒(2018年、チャレンジ富士五湖100kmの部)

【超ウルトラのベストタイム・最長距離】26時間24分15秒(2018年、スパルタスロン10位)、228.379km(2017年、神宮外苑24時間チャレンジ)

【これまで走ったフルの数】13本

【これまで走ったウルトラの数】6本

【これまで走った超ウルトラの数】2本

MYトレーニング&オピニオン

【ランナーとしての目標】記録を伸ばせる限り、真摯に練習に取り組み挑戦し続けたい。

【登山に例えるとランナーとしていまは上り・下りの何合目か】上りの7合目

【必殺の練習法】酷暑の沖縄内陸部での起伏を利用した夜間走90km

【必殺のレースアイテム】L-グルタミン、オルニチンとメダリストのジェル

【レースの成功エピソード】2018年のスパルタスロンは前半抑えて(40km地点175位)入ったおかげで、その後1人も抜かれることなくつぶれずに11位でゴールすることができました。

【レースの失敗エピソード】100kmレース中、体育館のトイレにシューズを脱いで入り、出た後、違う人のシューズを履いて再スタートしてしまった。チップ

はゼッケンに付いていたので、タイム計測に問題なかったものの、後日新品シューズを賠償し痛い出費でした。

【**超ウルトラを続けている原動力**】レース終わった後の開放感と、良い結果を残したらみんなとっても喜んでくれるから。

【**あなたのライバル**】岩本能史

【**今後挑戦したいレース**】奥武蔵、サロマ湖100km、バッドウォーター

【**ウルトラ、超ウルトラで得たもの、失ったもの**】得たものは自分に対する自信とかけがえのない仲間。失ったものは時間とお金（特に飲み代）。

【**自己顕示欲を10段階で評価すると？**】7

【**これからウルトラ、超ウルトラを始める人へのメッセージ**】少しでも走ってみたいと思うのなら一度挑戦してみてほしい。ただ、それなりに練習しないとレースを楽しんで走ることもできないと思うので、コツコツと練習を積んで走ってほしい。フルに比べて練習の距離も時間も長くなりますが、練習も一つのイベントとして練習後のビールやお風呂を楽しみにやってみてください。

10 岩本《いわもと》里《り》奈《な》

プロフィール

女性、48歳（1968年9月14日）、つまみ細工作家

【**走り始めたきっかけ**】長く続けられるスポーツをしたかったから。

【**ウルトラマラソンを始めたきっかけ**】主人が始めたから。始めは一緒に大会に行ってゴールするのを待っているよりも、その半分くらい走ればいいかな～くらいの感覚でした。

【**超ウルトラを始めたきっかけ**】スパルタスロン出場資格を得るためです。

これまでのおもな記録

【**初フル／タイム**】ホノルルマラソン（1994年）／5時間51分51秒

【**初ウルトラ／タイム**】えちご・くびき野100kmマラソン（2002年）／13時間00分26秒

【**フルのベストタイム**】3時間17分00秒（2009年、つくばマラソン）

【**ウルトラのベストタイム**】9時間36分49秒（2008年、チャレンジ富士五湖100kmの部）

【超ウルトラのベストタイム・最長距離】33時間53分18秒（2008年、スパルタスロン←岩本註：女子の部で6位）、29時間10分46秒（2014年、ザイオン100マイルラン）、198km（2008年、24時間グリーンチャリティリレーマラソンin東京ゆめのしま、優勝）

【これまで走ったフルの数】30本

【これまで走ったウルトラの数】51本

【これまで走った超ウルトラの数】12本

MYトレーニング&オピニオン】

【ランナーとしての目標】できるだけ長く走り続けることです。

【登山に例えるとランナーとしていまは上り・下りの何合目か】下りの7合目

【必殺の練習】100kmの練習では2日間連続の6時間走で合計100kmを走ること。スパルタスロン前は東海道88kmなどのロング走を週末ごとに7週連続夜間走を行っています。

【必殺のレースアイテム】L-グルタミン、オルニチン

【レースの成功エピソード】2008年のスパルタスロン。途中から制限時間の計算間違いをしていて、関門に間に合わないと思い慌てて走ったため、結果的にエイドでの時間ロスなども少なく6位でゴールできてしまった。

【レースの失敗エピソード】練習が思うようにこなせず、自信のない状態でスタートしたレースでは、メンタル面で負けてしまって走れる上りなども歩いてしまい、結果的にリタイアすることがあります。

【超ウルトラを続けている原動力】一言ではとても表現できないけれど、すべての行程が楽しいから。

【あなたのライバルは】とくになし。

【今後挑戦したいレース】ウェスタンステイツ・エンデュランスラン、スパルタスロン

【ウルトラ、超ウルトラで得たもの、失ったもの】得たものは行動力、食生活の改善、ポジティブ思考。失ったものは距離感覚。

【自己顕示欲を10段階で評価すると？】8

【これからウルトラ、超ウルトラを始める人へのメッセージ】どこまでも頑張れる自分が面白くて仕方がなかった。それがウルトラにのめり込んだ理由。スピードのなかった私がこんなにも走り続けられたウルトラマラソン。決してカラダ

には良いとは言えないけれど、やっぱり楽しい。興味があるなら、国内外を問わず走りたいところへ行ってほしい。もちろん出るからには、そのための準備やトレーニングやケアをしっかりして！

岩本式・超ウルトラ練習法

バッドウォーターなどの超ウルトラ向けに僕が実際行っているメニューです。
あなたが超ウルトラに挑むときの練習法のひな型にしてみてください。
ポイント練習にはペース走に加えて夜間走（or 峠走）を毎週行います。

START

	1週目
月	● **ペース走** 10km（キロ5'30"） or ● **ジョグ** 60分
火	オフ
水	● **ペース走** 25km（キロ5'30"）
木	● **ジョグ** 60～90分
金	● **夜間走** 35km（キロ5'30"）
土	↓
日	オフ

▼

	2週目
月	● **ペース走** 10km（キロ5'30"） or ● **ジョグ** 60分
火	オフ
水	● **ペース走** 25km（キロ5'30"）
木	● **ジョグ** 60～90分
金	● **夜間走** 45km（キロ5'30"）
土	↓
日	オフ

▼

	3週目
月	● **ペース走** 10km（キロ5'30"） or ● **ジョグ** 60分
火	オフ
水	● **ペース走** 25km（キロ5'30"）
木	● **ジョグ** 60～90分
金	● **夜間走** 55km（キロ5'30"）
土	↓
日	オフ

▼

	4週目
月	● **ペース走** 10km（キロ5'30"） or ● **ジョグ** 60分
火	オフ
水	● **ペース走** 25km（キロ5'30"）
木	● **ジョグ** 60～90分
金	● **夜間走** 65km（キロ5'30"）
土	↓
日	オフ

▼

	5週目
月	● **ペース走** 10km（キロ5'30"） or ● **ジョグ** 60分
火	オフ
水	● **ペース走** 25km（キロ5'30"）
木	● **ジョグ** 60～90分
金	● **夜間走** 80km（キロ5'30"）
土	↓
日	オフ

▼

	6週目
月	● **ペース走** 10km（キロ5'30"） or ● **ジョグ** 60分
火	オフ
水	● **ペース走** 25km（キロ5'30"）
木	● **ジョグ** 60～90分
金	● **夜間走** 60km（キロ5'30"）
土	↓
日	オフ

▼

	7週目
月	●ペース走10km（キロ5'30"）or ●ジョグ60分
火	オフ
水	●ペース走25km（キロ5'30"）
木	●ジョグ　60～90分
金	オフ
土	●100kmレース
日	オフ

▼

	8週目
月	●ペース走10km（キロ5'30"）or ●ジョグ60分
火	オフ
水	●ペース走25km（キロ5'30"）
木	●ジョグ60～90分
金	●夜間走90km（キロ5'30"）
土	↓
日	オフ

▼

	9週目
月	●ペース走10km（キロ5'30"）or ●ジョグ60分
火	オフ
水	●ペース走25km（キロ5'30"）
木	●ジョグ60～90分
金	●夜間走90km（キロ5'30"）
土	↓
日	オフ

▼

	10週目
月	●ペース走10km（キロ5'30"）or ●ジョグ60分
火	オフ
水	●ペース走25km（キロ5'30"）
木	●ジョグ60～90分
金	●夜間走60km（キロ5'30"）
土	↓
日	オフ

▼

	11週目
月	●ペース走10km（キロ5'30"）or ●ジョグ60分
火	オフ
水	●ペース走25km（キロ5'30"）
木	●ジョグ60～90分
金	オフ
土	●峠走40km
日	オフ

▼

	12週目
月	●ペース走10km（キロ5'30"）or ●ジョグ60分
火	オフ
水	●ペース走25km（キロ5'30"）
木	●ジョグ60～90分
金	●夜間走30km（キロ5'30"）
土	↓
日	オフ

▼

	13週目
月	●ジョグ60分
火	オフ
水	●ジョグ60分
木	オフ
金	レース
土	↓
日	↓

GOAL

岩本能史 Nobumi Iwamoto

1966年、神奈川県生まれ。ランニングチーム『club MY☆STAR』代表。市民ランナーが仕事と両立させながら自己ベストを更新できる非常識ともいえる独自のメソッドが国内外で評判を呼んでいる。世界でもっとも過酷と言われるバッドウォーター・ウルトラマラソン（217km）4回完走（最高5位）、スパルタスロン（246 km）7回完走（最高6位）のほか、24時間走アジア選手権で2位の記録を持つ。著書に『限界突破マラソン練習帳』、『違う自分になれ！ ウルトラマラソンの方程式』（講談社）、『100kmマラソンは誰でも快走できる！』（ランナーズ）など。

カバーデザイン　渡邊民人（TYPEFACE）
本文デザイン　吉名　昌（はんぺんデザイン）
取材協力　小谷修平（修徳 www.facebook.com/shuhei.odani）
イラスト　内山弘隆
構　成　井上健二
校　正　戎谷真知子

完《かん》全《ぜん》攻《こう》略《りゃく》ウルトラマラソン練《れん》習《しゅう》帳《ちょう》
潜《せん》在《ざい》走《そう》力《りょく》を引《ひ》き出《だ》す！
レベル別《べつ》・書《か》き込《こ》み式《しき》13週間練習《しゅうかんれんしゅう》メニュー

2017年4月13日　第1刷発行
2025年5月13日　第5刷発行

著　者　岩本能史《いわもとのぶみ》
発行者　清田則子
発行所　株式会社講談社
〒112-8001 東京都文京区音羽2-12-21
電話 03-5395-5817（販売） 03-5395-3615（業務）
編　集　株式会社講談社エディトリアル
代表　堺　公江
〒112-0013 東京都文京区音羽1-17-18 護国寺SIAビル6F
電話 03-5319-2171
本文組版　朝日メディアインターナショナル株式会社
印刷所　株式会社新藤慶昌堂
製本所　株式会社国宝社

N.D.C.782.3　223 p　19cm
ISBN978-4-06-220594-8